幸運がやってくる100の習慣

植西　聰

PHP 文庫

○本表紙図柄＝ロゼッタ・ストーン（大英博物館蔵）
○本表紙デザイン＋紋章＝上田晃郷

まえがき

あなたは子供のころ、どんな大人になりたいと思っていましたか？

そして今、あなたはなりたかった大人になれているでしょうか？

答えが「ノー」のあなた。そして、心の中に、

「今頃はもっと幸せに暮らしているはずだったのに……。どこで間違っちゃったんだろう」

「すごく不幸ってわけじゃないけど、幸せとはほど遠い毎日。このままこんな日々が続くなんて信じたくない」

なんて気持ちを持っているあなた。

今のあなたは、そろそろ人生の軌道修正をする時期にさしかかっているのかもしれません。このあたりで少し、自分の心が本当に求めていることを見つめ直してみませんか？

そして、本来の自分が求めていた自分になるために、できることを始めてみませんか？

今までと同じ考え方で、今までと同じ行動をしていれば、あなたの未来は変わりません。

でも、少し考え方を変えて、行動を変えることができれば、あなたの人生は大きく変わっていきます。

私は、長年にわたり幸せな人の共通点を研究し、多くの人の悩みを聞いてきた経験から、この本を書きました。

自分の人生を幸せな方向に向かわせるためには、自分自身の手でハンドルを切らなければいけません。

本書が、あなたの人生を明るくするきっかけになれば、嬉しく思います。

植西　聰

幸運がやってくる100の習慣　目次

まえがき

第1章 捨てることから始めよう

第2章 あなたが変身できるちょっとした「自分の愛し方」

第3章 「気持ちの切り替え上手」な人に幸せはやってくる

第4章 すぐにできる「モチベーションアップ法」

第5章 願いが叶うちょっとした「行動術」

第6章 ツキを呼ぶ対人関係のコツ

第7章 運のいい人の日常の習慣

第1章　捨てることから始めよう

1 成長するための準備を始めよう

あなたが今の生活に満足していなくて、

「やさしい彼氏を作って結婚したい」

「会社の人間関係に苦しまない強さが欲しい」

「とにかく今よりもっと幸せになりたい！」

と願っているなら、あなたにはしなければならないことがあります。

それは、過去の自分から成長して、幸せな自分になることを本気で決心することです。

決心するだけなら、時間もお金もかかりません。でも、かなりの勇気がいります。なぜなら、新しい自分を目指すためには、今の自分を変えなければいけないからです。

そして、これまで慣れ親しんだ今の自分を変えることは、誰にとっても簡単ではないからです。

でも、今とは違うどこかに行くためには、今いるところから離れることを決心しなければいけません。

あなたが本気なら、人生を思い通りに生きることは可能なのです。でも、そのためには、考え方を変えること、そして行動を変えることが必要です。

「でも、どこから始めたらいいの？」

その答えは、部屋の掃除です。家の中にある不用品を処分することです。

意外かもしれませんが、いらないものを捨てることは、新しいものを迎えることにつながります。つまりそれは、新陳代謝のようなものです。

幸せな自分になるために、この章では、今持っているものを手放すことの大切さを紹介します。

2 机の上にある不用品はいくつ？

突然ですが、あなたがいつも使っている机の上は、どんな状態になっていますか？

何も置いていないスペースはどのくらいありますか？

必要なものはすぐに取り出せるように、書類や文房具などは整理整頓されていますか？

書類が山積みになっていて、何がどこにあるのかわからない、なんて人はいませんか？

本の冒頭で、いきなりこんなことを聞いたのにはわけがあります。

実は、私たちが普段使っている机の上の状態は、その持ち主の頭の中の状態を表すと言われています。

つまり、机の上がグチャグチャの人は、頭の中もグチャグチャ。その反対に、机の上が理路整然と片付いている人は、頭の中もスッキリとしているということです。

そう言われると、あなたにも心当たりがありませんか？

「この書類はあとで見よう」と思って置いた書類がずっと置きっぱなしになっている人は、何かを始めようと考えても、なかなか行動に移せない人のはずです。

机がいつもピカピカに磨きあげられて、余分なものが一切出ていない人は、頭の中にも迷いがないはずです。

幸せになるためには、まず、自分自身の今の状態を知ることが大切です。今ある状態を知らなければ、そこからどうすればいいのかが、わからないからです。

まずは、自分自身がどうなっているかを知るために、机の上の状態はとても良いヒントになるのです。

3 部屋の状態は心の状態を表す

友だちの家に遊びに行って、

「住んでいる場所って、その人を表すなあ」

と感じたことはありませんか？

部屋だけではありません。几帳面に見えた人の家に遊びに行ったら、庭に雑草がボーボー生えていて、意外に思ったり、ルーズな印象を持っていた人の家に行ったら、玄関周りがキレイに掃除されていてビックリした、なんてこともよくあるのではないでしょうか。

何が言いたいかといえば、住んでいる場所は、その人の人間性を表しているということです。

前の項目で、机の上のことを書きましたが、部屋の中や庭の様子だって同じなのです。

もし、あなたの部屋がもう何年も掃除をしていなくて、ゴミやホコリが部屋中にちらかっているなら、あなたは自分自身を大切に扱っていない人でしょう。

万年床が敷いてあるという人は、そのフトンと同じように、ずっと一つの悩みを抱えているのではないでしょうか？

いらないものが一杯で足の踏み場もないという人は、実際の生活でも余計な仕事や用事ばかりに時間をとられて、一番大切なものを見失っている確率が高いといえます。

ちなみに、うつ状態の人の部屋は、暗い色のカーテンやジュウタンで覆われていて、日当たりと風通しが良くない場合が多いといいます。

あなたの部屋は、どんな様子ですか？

居心地は良いですか？　友だちはよく遊びに来ますか？　ゴミは落ちていませんか？

4 捨てられないものが多い理由

あなたの部屋には、もう二度と使わないだろうとわかっているのに、捨てられずに置いてあるものがどのくらいあるでしょうか？

何年も前に買った雑誌や昔好きだった歌手のＣＤ、サイズが変わって着られなくなったワンピースや、流行遅れのバッグ……。

押し入れやクローゼットの中に、そんな不用品がごっそりと隠れてはいませんか？

ある会社員の女性で、

「二年前に今の部屋に引っ越してきてから、開けていない段ボールが三つもあるんですよ。中に何があるかも、今では忘れてしまいました」

という人がいました。

それほどひどくはなくても、この先に使わないとわかっているのに、捨てられないというものは、誰の部屋にも多少はあるものです。

そういう人たちに、不用品を捨てない理由を聞くと、

「いつか使うかもしれないと思うと、もったいない」

という答えが返ってきます。

でも、それは言い訳です。

本当は彼女たちは、わかっているのです。それを捨てたって、本当はたいして困らないことを。本当に必要になったら、買い直せばそれで済む話だということを。

実は、捨てられないものが多い人というのは、心の中に、「変わりたくない」という願望が隠れているケースが多いのです。

人は幸せになりたいと願う生き物です。それなのに、「変わりたくない」というのはどういう意味なのでしょうか？

5 変わりたくないから捨てられない

前の項目で、ものを捨てられない人の心には、「変わりたくない」という気持ちが隠されていると書きました。

実は、「変わりたくない」というのは、誰の心の中にもある人間の本能の一つです。

何かにチャレンジしようとしたとき、

「今がどんなに不幸でも、変わろうとすれば、その先でもっと不幸になるかもしれない」

「本当は今の自分を変えたいけれど、新しいことをしてうまくいくとは限らない。失敗して傷つくくらいなら、今の方がまだましだ」

という考えが浮かんで、結局やめてしまったことが、あなたにもあるでしょう。

とくに、自分のことをあまり好きではない人や、過去にあまり人からほめられた経験がない人は、新しい世界に足を踏み入れることを恐れます。

不用品を抱え込むのは、そんな「変わりたくない」気持ちの象徴です。

「本当は、価値のないものでも、手放すのが怖い」

「いらないものでも、何もないよりはマシ」

という気持ちが、部屋の中の不用品を増やしていきます。

「そんなに大げさなものじゃないよ。たんに面倒なだけだよ」

という人もいるでしょう。

そういう人は、「手をつけるのが面倒だから」という理由で、自分の人生と向き合うことから逃げているのかもしれません。

6 掃除の習慣で自分を変える

机の上や部屋の中の様子など、その人が長い時間を過ごす場所の状態が、その人の心の状態と重なるということは、納得していただけたでしょうか？

「そうかもしれないなあ。でも、不用品が多いことがよくない理由はわかったけど、対処の方法はまだわからない。いったいどうすれば、変わることに臆病になっている自分を変えられるの？」

という疑問を持った人も多いでしょう。

実は、その方法はそんなに難しくはありません。

いらないものを処分して、自分の身の回りの環境をスッキリと整えることで、グチャグチャの頭の中や、モヤモヤした心の中も整理することができます。

汚れた水が一杯入ったバケツに、新しく水を入れようとしても、溢れてしまいます。新しい水を入れるためには、一度、バケツの中にある汚れた水をザザーッと捨ててしまわなければいけません。

私たちの心もそれと同じです。

あなたが今の自分自身に不満を持っていて、今と違って思い通りに人生を進んでいきたい、と考えているなら、今持っているものを手放す必要があります。

そのために効果的なのが、不用品をスッパリと処分して、何もないスペースを空けておくことです。そして、何が必要で何が不要かが見てわかるように、部屋の中をいつも整理する習慣をつけておくことです。

あなたの過ごす空間と、あなたの心はつながっているのです。

にわかには信じられないかもしれませんが、その効果はやってみるとすぐに実感できるでしょう。

7 部屋が片付いたら気持ちも片付く

不用品を処分して、身の回りのものを整理することで、自分自身を変えた人がいます。看護師のA子さんです。

A子さんは、仕事の忙しさを理由に、ずっと部屋の掃除をさぼっていました。でも、同じように忙しいのに、いつも元気な友だちの看護師の部屋に遊びに行って、そのキレイさに驚いたのをきっかけに、「これじゃいけない」と思い直しました。

その日以来、週に二回以上は部屋を掃除し、目についた不用品もどんどん処分するようにしました。

すると、なぜか仕事のストレスが軽くなり、ずっと悩んでいた人間関係の悩みも、気にならなくなってきたそうです。

「積極的にモノを捨てるようになって、自分が強くなったような気がします。以前なら嫌いな人にもこびていたんですが、今は嫌われてもいいや、と開き直れるようになりました。

モノを捨てるときって、それが自分の将来に必要なのかどうか迷うし、決断するのに勇気がいりますよね。それに、いらないものを捨てる体験を続けるうちに、本当に自分にとって必要なものがわかってきました。

それは人間関係も同じです。『自分にとって本当に必要な人だけと付き合っていけばいい』と思えるようになり、ストレスが減りました」

そう語るA子さんは、今では掃除が大好きで、以前の散らかった部屋のことを思い出すと、ゾッとするそうです。

「あんな汚れた場所に自分を置いておくなんて、自分を大切にしていなかった証拠ですね。もう、あの頃の自分には戻りたくありません」

A子さんは笑いながら、最後にそう付け加えました。

8 本当に必要なものは二割だけ

不用品で一番多いと言われるのが、洋服やアクセサリー、靴などの服飾品です。

一説によれば、人が着る洋服は、持っている洋服のうちの約二割しかないそうです。あとの八割は滅多に着ないものか、もう二度と着ないものなのです。

ファッションには流行があるので、オシャレな人はどんどん新しい服や靴を買うものです。でも、新しいものを買った分、古いものを捨てるという人はほとんどいません。

ですから、多くの人の靴箱やクローゼットはモノで溢れかえっていて、何がどこにあるのかを見つけるのに苦労します。

そういう人は、思い切って着ない服や、好きじゃない服を処分してしまいましょう。

「もったいない」と思うかもしれませんが、着ない服を持っていても、お金が戻ってくるわけではありません。

それより、クローゼットがグチャグチャになっていることのストレスの方が、あなたにとっては大きな損失です。

好きじゃない服、必要ない服を見るたび、あなたの心の中には、少なからずマイナスの感情が沸くからです。

逆に、数は少なくても、クローゼットを好きな服だけで埋めることで、あなたの心はハッピーになります。それに、数が少なくなった分、クローゼットや靴箱の中が見渡せるので、洋服選びも靴選びもスムーズにいくようになります。それだけでも気持ちのいいものです。

ただ捨てるのではなく、フリーマーケットやオークションを利用すれば、お小遣いを稼ぐこともできます。ただし、その場合も売れ残ったら捨てるというルールを決めておくことが必要でしょう。

9 いらない名刺と必要な名刺

大きな不用品はもう処分したし、身の回りもそんなにゴミゴミしていない。だけど、最近いろんなことに関して行き詰まりを感じている。

そんな人にオススメしたいのが、名刺フォルダーの中を整理することです。

社会人を何年か続けていると、知らないうちに、相当な数の名刺がたまります。フリーで仕事をしている人なら、アッという間に数一〇〇枚を超えてしまうでしょう。

名刺というのは、小さいこともあって、わざわざ捨てようとは思いません。それに、「万が一あとで必要になったら困る」と考えやすいため、どんどんたまります。

でも、だからこそ、名刺の整理をオススメしたいのです。

バケツの水の法則でいえば、いらない名刺をいつまでも取っておく人には、新しい名刺（＝出会い）が訪れにくくなってしまいます。

とくに、人間関係を一新して、新しい人生を切り開きたい。

今までの自分からスケールアップしたい。

と考えている人は、どんどんいらない名刺を捨てましょう。

名刺を捨てるときは、損得ではなく、自分がその人とこれからも付き合っていきたいかどうかという基準で選別しましょう。

「この人にくっついていれば、何かいいことがあるかもしれない」

という下心でとっておいた名刺は、必要ありません。

改めて考えてみると、本当にこれからも付き合っていきたい人って、そんなに多くはないはずです。

整理したあとは、楽しみにしてください。空になった名刺フォルダーの分、あなたのもとに新しい出会いが訪れるはずです。

10 携帯の中の思い出を削除する

私たちの生活の中で、処分した方がいいものの一つに、「不要になった情報」があります。

情報は、古新聞のように場所を取るわけではないし、見ようと思わなければ目に入ることもないので、一見、捨てなくても何も悪い影響がないように思えます。

でも、実際はそうではないのです。

例えば、あなたの携帯電話の中には、とっくの昔に別れた恋人からのメールが残っていませんか？

ドキッとした人は、どうしてそのメールを捨てないでいるのでしょう。

「あの人とはもう関係ない」

そう思っているのに、心の中で縁が切れることを恐れているのではないでしょうか？

ですから、滅多に見ることはないけれど、いざ見ようと思えば見ることができるという中途半端な状態にしてあるのではありませんか？

あなたがその人にこれからアプローチしようとしているなら、別にいいのです。でも、もう終わった人とわかっていて、別の恋に進むことを決めているのに、そのメールが消せないとしたら、それはあなたの弱さです。

「今の私を卒業して、幸せな自分になるんだ」

そう決めたなら、後ろを振り返る原因になるようなメールは捨ててしまいましょう。

改めて整理してみると、本当に必要なメールは、そう多くはないでしょう。そして、いらないメールを捨てた後は、心がスッキリとしていることに気づくはずです。

11 壊れかけのものを処分する

あなたの部屋の中に、音が飛ぶので使わなくなったCDウォークマンや、新しい電池を入れてもすぐに時間がずれる目覚まし時計など、壊れているけど捨てられないでいるものはありませんか？

完璧に壊れているものは、持っていても仕方がないと割り切れるものです。でも、壊れかけているものは、「いつか使うかもしれない」と思って、ついつい取っておいてしまいがちです。

でも、ちょっと考えてみてください。

これまでに、「直せば使えるから、捨てるのがもったいない」という理由で取っておいたものを、実際に直して使ったことはありますか？

たぶん、答えは「ＮＯ」だと思います。

壊れかけたものを直して使うより、新しいものを買ったほうが便利だからです。

それなら、思い切ってこの手のものは一気に処分してしまいましょう。

「どうしても捨てたくない」というなら、すぐに修理に出して、もう一度使うようにしましょう。

実は、壊れたものや、壊れかけで使っていないものは、部屋の運気を落とすと言われているのです。

使われていないものは、エネルギーがないからです。

また、壊れていなくても、使っていない古いプリンターやカメラなどが、押入れに入っているなら、思い切って処分したほうがいいでしょう。

捨てるときは、「何かを失う」と考えるのではなく、「悪いエネルギーを処分できる」と頭を切り替えるとよいでしょう。

12 好きではないものを処分する

壊れていないものでも、そこにあると、なんとなく「イヤだなあ」と思うものは、処分したほうがいいと思います。

例えば、大学生のE子さんにこんな話を聞いたことがあります。

「うちの実家のリビングに、昔から飾ってある絵があったんです。私はなんとなくその絵が嫌いだったんですが、自分のものでもないし、面倒なので、ずっと何も言いませんでした。

でも、去年の大掃除のとき、家族の許可を得て、思い切って捨てたんです。すると、その絵がなくなっただけで、リビングの空気が急に明るくなったような気がして、ビックリしました。その日以来、リビングにいる時間が増えたほどです。

たった一枚の絵ですが、いつも目に入るものだし、知らないうちに心理的な影響を受けていたんですね」

このように、「好きじゃない」と思っているものが身近にあると、自分では気づいていなくても、いつの間にかマイナスの影響を受けているものです。

いつも目に入るものでなくても、また、普段は意識していないものでも、「あの扉の中に、すごく後味の悪かった漫画がある」ということを、心は覚えています。

そのため、そこにあるだけで、なんとなくマイナスの影響を受けてしまいます。

好きではないものを処分していくと、好きなものだけが残ることになります。

好きなものに囲まれていると、幸せに過ごせる時間が増えていきます。

13 マイナス思考の友人とは距離を置く

新しいことを受け入れようとするとき、捨てるべきものはモノだけではありません。

あなたにとってマイナスの意味しか持たないなら、場合によっては友だちと距離を置いた方が良い場合もあるのです。

あなたの周りに、あなたが何かに挑戦しようとすると反対したり、あなたが喜んでいると水を差し足りする人はいませんか？

もし、心当たりの人がいるのなら、今日から少しずつ距離を置きましょう。

「意地悪ばかり言うけど、彼女も友だちだから。そんなに簡単に離れることはできません」

と思う人もいるかもしれません。

でも、本当の友だちというのは、あなたの幸せを願ってくれる存在のはずです。あなたが幸せになろうとすると足を引っ張り、自信を奪うようなことを言う人は、友だちとは呼べないのです。

彼女たちは、自分に自信がないのです。ですから、自分以外の誰かが幸せになろうとすると、自分だけ置いていかれそうで怖いのです。ですから、素直に人の喜びを祝福することができません。

こういう人たちの心の中は、マイナスのエネルギーでいっぱいです。そして、周りにいる人の心にも、マイナスのエネルギーを伝染させるのです。

そういう人に囲まれている限り、あなたの心がプラスに転じるのは難しくなってしまいます。

自分を好きになるために努力しようとしても、周りにその決意をくじくような人がいると、努力がだいなしになってしまいます。

人間関係を見直すことを恐れないでください。あなたから自信を奪う友だちなど、もともと友だちとは呼べないのです。

14 マイナスの感情を手放す

ここまでいくつかの不用なモノの例を挙げてきました。しかし、実は不用なモノというのは、物や人に限ったことではありません。目に見えないモノで、これからの自分が成長するために処分した方がいいものもあるのです。

その代表が、思い出です。具体的には、昔の恋人に対する未練や、誰かに対する憎しみの記憶などです。

あなたにも、思い出すだけで涙が出てくるような、辛い失恋の経験があるかもしれません。

考えただけで頭がカッカしてくるような、屈辱的な経験を持っている人もいるでしょう。

「あのときに自分をバカにした相手を見返したい」という気持ちを原動力にして、仕事でかんばるというように、場合によっては、そういう辛い体験が、自分にとってプラスに働くこともあります。

でも、その記憶があなたから自信を奪ったり、前に進めない原因になったりしているなら、思い切って、心の中から捨ててしまいましょう。

過去を振り返って後悔したり、煮え切らない自分にイライラしたりするのはやめて、ここで気持ちをリセットするのです。

「あのことはもう終わったことだ。クヨクヨと考えるのはやめて、次の一歩を踏み出そう」

と自分に宣言するのです。

その記憶がよみがえってきたときは、悲しんだり怒ったりするのではなく、「ああ、また思い出してしまった。でも、もう過去の記憶にとらわれるのはやめたんだ。そんなことより、明るいことを考えよう」と、前向きな気持ちに塗り替えていきましょう。

15 スペースを作ると新しい何かが手に入る

何度考えても答えが出ない悩みや問題は、自分から「もうやめよう」と思わない限り、心の中にずっと居座り続けるものです。

そして、そのことを悩んでいる間はずっと、新しいものに目がいかなくなってしまいます。

例えば、公務員のT子さんは、二年前に親友に恋人を奪われたことでずっと苦しんでいました。

「私の何がいけなかったの?」

「彼氏は私の運命の人だった。どうすれば取り戻せるだろう……」

心の中はいつもそんな思いで渦巻いていました。でも、いくら悩んでも答えは出ず、実際に彼氏を取り戻すための行動も起こすことはできませんでした。

そんな彼女でしたが、あるとき、友だちに励まされたのをきっかけに、

「もう、この件について考えるのはやめよう。苦しいけど、彼氏のことも忘れよう」

と決めました。

ようやく、心の中の荷物を捨てることを決意したのです。

すると、不思議なことに、T子さんのもとに、新しい出会いが次々と訪れ、その中の一人と付き合うことになりました。

「彼氏のことで悩んでいた頃は、出会いなんてありませんでした。思い切って彼氏を吹っ切ったことで、出会いが訪れたんだと思います」

ウジウジと悩んでいたことにサヨナラすると、心の中には新しいスペースができます。

自分を変えるためには、まずは今持っているものを捨てなければいけません。あなたも身の回りと心の中の不用品を処分して、幸せを迎え入れる準備を始めましょう。

第2章

あなたが変身できるちょっとした「自分の愛し方」

16 今のままのあなたで幸せになれる

画用紙に絵を書くとき、嫌いな色の画用紙を選んでしまうと、その上にいくらキレイな絵の具を乗せても、美しい絵は描けません。

それは、私たちの人生も同じです。

幸せになりたい、と願っていても、自分自身に不満を持っている人が、幸せになることはできないのです。

なぜなら、幸せとは、自分以外の色々な状況を受け入れて、満足している状況だからです。

自分自身にＯＫを出せない人が、自分以外の人や物や環境にＯＫを出すことはできません。

幸せになるためには、まず、自分を好きになることが前提条件といえます。

「自分に自信がない」

「他人の目が気になって自分らしく生きられない」

「今まで不幸な体験ばかりしていたのは、自分自身に運がないからだと思っている」

あなたが今、そんな気持ちを持っているなら、毎日きっとストレスが多く、辛いもののはずです。

でも、そこから抜け出すことは可能です。

今、幸せな人だって、生まれたときから自分に自信があったわけではないのです。

この章では、自分を好きになるための方法を紹介します。

あなたは、今のままでも十分に価値がある人間です。

どんな境遇で育ったにせよ、欠点があるにせよ、幸せになる資格はあるのです。

17 他人の言葉に振り回されない

あなたは就職活動をするとき、「人に知られても恥ずかしくない会社」を希望しませんでしたか？

付き合う男性を選ぶとき、「友だちに自慢できるかどうか」を気にしたことはありませんか？

AとBという選択肢があるとき、「Aの方が好き」だと思っているのに、友だちが「Aなんておかしいよ。普通Bを選ぶでしょ」と言っていたことを理由に、Bを選んだという経験はありませんか？

答えが「YES」の人は、自分の気持ちよりも、「他人にどう見られるか」を優先してこれまで生きてきたのでしょう。

でも、そんなふうに、他人の視線や言葉に振り回される人生は、そろそろ終わりにしませんか？

あなたも気づいているように、他人から「すごい」「うらやましい」と思われるような人生が、あなたにとって幸せとは限らないのです。

他人が、「そんなのおかしいよ」と笑ったとしても、自分自身の心がハッピーになれるなら、それでいいのです。

去年結婚した塾講師のＪ子さんが、こんなことを言っていました。

「昔から、友だちにうらやましがられるような生活が私の目標でした。でも、そんな生活に疲れてしまい、去年、『他人の言葉は気にしないで、もっと自分本位になろう』と決めて、生きるのが楽になりました。

婚約中の彼氏は、これまでの私なら絶対に選ばないような平凡な人ですが、一緒にいると幸せを感じられます。私が開き直ってからは、アレコレと口を出す友だちとも疎遠になりました」

批評家の友人たちは、あなたを幸せにしません。彼女たちの言葉より大切なもの。それは、あなた自身の本当の気持ちなのです。

18 自分の魅力を見つける

誰にだって、何か取り得があるものです。あなたは気づいていないかもしれませんが、探してみれば一つくらいは必ず見つかります。

別に、みんなが驚くような立派なことじゃなくてもかまいません。

高校時代に、無遅刻無欠席だったこと。

先生から無理だと言われていた第一志望の高校に受かったこと。

入社したばかりの頃、先輩から物覚えがいいとほめられたこと。

どれも、できない人から見たら十分に価値のある経験です。

自分には長所がないと考えている人も、じっくりと探してみれば、きっと見つかるでしょう。

手がキレイだと言われる。

近所の子供たちから人気がある。

困っている人を見ると助けずにはいられない。

それらは、立派な長所です。

誰にも遠慮することはありません。改めて自分の良いところを数えてみてください。そして、そんな自分の誇らしい部分を、一度紙に書き出してみましょう。

自分に自信を持てないときは、その紙を見ながら、

「私はダメな人間なんかじゃない。長所はいっぱいあるんだ」

「あのとき、うまくいったんだから、今度も乗り越えられる」

と言い聞かせてみてください。

すると、少しずつ勇気が沸きあがってくるのを感じられるはずです。

まずは、自分自身を知ること。とくに、自分の良い部分を知ることは、幸せになるための近道であり、第一歩なのです。

19 寂しいときは自分を抱きしめる

子育てでは、ほめることが大切と言われています。なぜなら、親から怒られ続けて、ほめられることの少ない子供は、どんどん自信を奪われてしまうからです。

自分自身に厳しい人も、これと同じではないでしょうか。

「また間違えた。私って、本当にダメね」

「こんな性格だから、私は嫌われるのよ」

そんなふうに、自分に対して厳しい目を光らせて、ちょっとした失敗もこと細かく注意し続けていれば、自信はどんどん失われてしまいます。

子供に自信を与えるには、ほめて、認めてあげることが効果的です。そして、何よりも大事なのが、欠点も含めてその子供の存在を受け入れてあげることだといいます。

「お前は、いい子だよ。ちょっとドジなところもあるけれど、お母さんは、お前のことが大好きだよ」

親がそう言い続けることで、子供は少しくらい失敗しても、

「でもお母さんが、僕のことをいい子だって言ってくれた。だから、次はきっとうまくいくだろう」

というふうに、再度チャレンジする勇気を持つことができるのです。

でも、私たちはもう大人です。ですから、優しく励ましてくれるお母さんを求めたり、頼ったりすることはできません。

だったら、自分で自分のことを認めてあげましょう。

何か自己嫌悪に陥るようなことがあっても、

「欠点があったっていい。だって毎日、がんばっているんだから」

と、自分で自分を励ましてあげるのです。

寂しいときは、自分で自分を抱きしめてあげましょう。

大切なのは、欠点も含めた自分にＯＫを出すことです。

20 自分の好きなことを追求する

自分のためにできることの一つに、自分で自分を喜ばせるということがあります。

あなたは、自分の好きなことを我慢していませんか？

「そんなことしているヒマもお金もないから」

といって、自分の本心を抑えつけていませんか？

もし、あなたが、

「好きなことなんてありません」

「何をやってもつまらないんです」

という人は、子供の頃に好きだったことを思い出してみてください。

あなたはどんな子供でしたか？

「動物が好きで、近所の野良猫におやつの残りをあげていたなあ」

「サッカーに夢中で、日が暮れるまでボールを追いかけていたなあ」

「絵本が大好きで、図書館にある絵本をたくさん借りたなあ」

そんなふうに、色々な思い出がよみがえってきませんか？

誰にでも、持って生まれた資質というものがあります。好きなことが一つもない人なんて、世の中にはいないのです。

探してみれば、あなたらしい特徴が、何か見つかるはずです。

そして、自分の好きなことが見つかったら、ぜひ、その好きなことをする時間を増やしていって欲しいと思います。

最初は、面倒くさいなあと思うかもしれません。でも、好きなことは一度始めてしまえば、ウキウキとして、心にプラスのエネルギーをたくさん発生させます。

そして、自分自身を喜ばせてあげられた自分を好きになるきっかけにもなるのです。

21 自分をほめる習慣をつける

言葉には不思議な力があります。

「言霊」という言葉のとおり、一つひとつの言葉には力があり、そのエネルギーはとても大きなものです。

例えば、自分に対していつも「どうせ何もできない人間だ」と言い続けていると、本当にそのとおりの自分が実現してしまいます。

「私にはできる」と信じ、思い続けていると本当にできるようになってきます。

つまり、プラスの言葉には、あなたの中に隠された「ステキなあなたの意識や感覚、能力」を引き出してくれる魔法の力があるといえるでしょう。

そこでオススメしたいのは、毎日、その日の終わりに、自分をほめるための日記をつけることです。

「今日は上司に自分の意見をはっきり言えた。よくがんばった」

「今日の私は仕事でトラブルがあったけど、冷静に対処することができて偉かった。昔の私ならきっとパニックになってしまっただろう。随分と成長したと思う。よくがんばったね、私」

「今日の私はデートのとき、彼氏に優しくできた。いつもならワガママを言ってしまうのに、よくがんばったね」

そんなふうに、毎日の出来事の中から、がんばった自分を思い出して、事実と一緒にほめ言葉も記録するのです。

この「ほめ日記」を付けはじめると、自然と自分の良いところを知ることができるため、自信をつけるのに効果的です。

それに、ほめ言葉にはプラスのエネルギーがあるため、運気をアップする効果も期待できます。

22 自分に似合うファッションを知る

人間の価値は外見で決まるものではありません。

でも、外見を変えることで、気分が明るくなり、心の状態をプラスにしていくことはできます。

言ってみれば、化粧やファッションを変えてみることは、一番シンプルに心にプラスのエネルギーを増やすための方法といえるでしょう。

とくに女性は、外見を変えることは、自分に自信を持つために効果的です。

なぜなら、外見を磨くことは、予想以上に周囲からの反応を得ることができるからです。

「アレ？　お化粧変えた？　なんだかキレイになったみたい」

「その色、とっても似合うね」

「この頃、オシャレになったんじゃない？」

女性というのは、友だちの変化にとても敏感です。

そのため、少し手を加えただけでも、大きな反応が期待できます。

周囲にほめてくれる人がいない場合でも、大丈夫です。誰もほめてくれなくても、自分で、

「この洋服、カワイイなあ」

「今日の私、いつもよりキレイ」

と思うことができれば、それだけでハッピーな気分になって、心にプラスのエネルギーをためることができるからです。

ここで一つポイントなのですが、キレイに身だしなみを整えて、心にプラスのエネルギーがたまっているときは、自分を肯定する力も強まっています。

そのため、キレイな自分でいるときに、目標を立てたり、大きな決断をしたりすることは、とても効果が高まります。

23

鏡の中の自分と対話する

鏡を使って、自分をハッピーにする方法を紹介します。

例えば、会社でつらいことがあって自信を失ってしまったときなど、「参ったなあ。でも、落ち込んでいられないし……」というときに、ぜひ試して欲しいやり方です。

方法はとてもシンプルです。

不安な気持ちが沸きあがってきたら、一度その場を離れて洗面所に向かいます。そして、鏡に向かって「あんなことで落ち込む必要はない」と、ゆっくりと言いましょう。

少し気分が落ち着いたら、次に肯定的な言葉をつぶやいて、自分に言い聞かせます。

「誰も私のことをバカになんてしていない」

「何も心配することなんかない」

「いつもどおりの私でいればいい」

不安になったときは、このような言葉をゆっくりとつぶやきましょう。すると、身体がその言葉に反応して、少しずつ気持ちが落ち着いてくるはずです。

声を出せないときは、頭にこのフレーズを思い浮かべて、落ち着いている自分の姿をイメージするだけでも効果があります。

言うときは、自分自身の額にエネルギーを注ぎ込む感じで、鏡の中の自分に強めに言い聞かせましょう。すると、不安な感情は消えていくはずです。

それは、細胞が、肯定的な言葉や思いのエネルギーを受けて活性化してきた証拠です。

イヤなことを引きずるタイプの人は、寝る直前にも同じことをすると効果的です。

24 自分を責めるのをやめる

自分に自信のない人は、なにごとも自分を責めてしまいがちです。

例えば、会社で自分の所属しているチームのプロジェクトがうまくいかなかったとしましょう。

意地悪な人が、

「○○さんのやり方が悪いからうまくいかないのよ」

といって、責任を押し付けてきたとします。

でも、それを真に受けていてはいけません。チームの仕事は、一人ひとり、それぞれの分担があって、仕事が進んでいくのです。あなた一人のせいで、すべてがうまくいかなくなるなんてことは絶対に、ありえないのです。

何もかもを、「自分のせいだ」と考えて落ち込むのは、もうやめましょう。

何か失敗をしてしまったときだって、自分を責める必要はありません。そのことで、あなたという人間がダメだということにはならないのです。

あなたに知って欲しいことがあります。

それは、自分を責めることと反省することは違うということです。

反省することは大いにいいことですが、自分を責めることからはなんの解決も生まれません。

自分を責めることは、生きることを苦しくするだけです。

反省と自分を責めることの違いを、よく考えて欲しいのです。

反省からはより良い方法が生まれます。でも、自分を責めることからは、何も生まれません。

意地悪な人や無責任な人の言葉に、振り回されてはいけません。

失敗したりして、自分を責めたくなったときは、

「私はダメだなあ」ではなく、「どうすれば、挽回できるだろう」「今度こそ、うまくやるぞ」と気持ちを前向きに切り替えましょう。

25 寝る前に今日一日の自分に感謝する

あなたは、自分自身に感謝したことがありますか？

「他人には感謝するけど、自分になんてしない」と言う方もいるかもしれません。

そんな人は、今日から自分に感謝することを始めましょう。

具体的には、眠る前に一日を振り返りながら、その日の自分に感謝してみてください。

感謝すべきことは探せばいっぱいあります。

「今日も一日、元気でいてくれてありがとう。おかげさまで、仕事を予定どおり終えられました」

「今日も一日、大きな失敗をせず過ごせたことに感謝します」

など、内容はささいなことでいいのです。

これまで自分を大切に扱ってこなかった人は、最初のうち、違和感を持つかもしれません。でも、意識して自分への感謝を習慣にすることで、得られる効果は絶大です。

寝る前の自分への感謝を始めた人が、こんなことを言っていました。

「自分に感謝するようになって、自分の心と対話する習慣がつきました。すると、私がこれまで、自分の本当の気持ちを無視して生きてきたことに気づきました。それからは、自分の気持ちを大切にするようになりました。そうしたら、毎日が楽しくなってきました」

これまで自分をいじめてばかりだった人は、そのことを後悔するかもしれません。そのときは、

「今まで辛くあたってごめんね。これからは大切にするね」

と自分自身に謝ってみてください。

本心から謝り終えたとき、あなたは前より、自分のことを好きになっているでしょう。

26 自分だけの幸せの基準を持つ

自分に自信のない人は、他人にどう見られているかを過剰に気にする傾向があります。

自分で自分にOKを出せないので、他人から「すごいね」と認めてもらわないと、安心できないのです。

そのため、他人からバカにされたり、反対意見を言われたりすると、自分自身を否定されたような気がして、必要以上に落ち込んでしまいます。

「そんなこと、気にしなければいいじゃない」と言ってくれたとしても、効果はありません。他人を基準に自分の幸せを感じている人は、他人からの評価がすべてだからです。

この反対に、自分が好きなことを知り、それをすることで自分を満足させられる人は、大きな満足を感じることができます。

例えば、自分の大好きな香りの香水を知っている人は、それを使うだけでも、心がウキウキします。

たとえささいなことでも、自分との約束を守れたら自分をほめてあげようと決めている人は、他人の意見など関係なく、自分の努力次第でハッピーになることができます。

そして、ウキウキすれば、心にプラスのエネルギーがたまるために、幸せに近づくこともできるのです。

自分を喜ばせるためには、自分が本当にやりたいこと、好きなこと、幸せを感じることを知ることが大切です。

その内容が他の人と違っていたっていいのです。

あなたも、自分が幸せになれる基準を、自分で設定してみてください。自分だけの幸せの基準を知ることは、あなたの心を穏やかにしてくれるでしょう。

27 ハッピーなときの自分が「本当の自分」と考える

自分に自信がない人は、何か嬉しいことがあると、喜ぶと同時に、「でも、この幸せも長続きしないんじゃないか…。どうせまた、前のように不幸になるんじゃないか」

と考えがちです。

そして、その不安は心の中にマイナスのエネルギーをためて、実際に不幸なできごとを呼び寄せます。

このようなマイナスの考えを持っていると、自分では望んでいないのに、ハッピーなできごとを遠ざけることになるのです。

そうならないためには、嬉しいできごとがあったときや、今の自分は幸せだと思えるときに、

「今の幸せな私が〝本当の私〟なんだ。今までのつらいことは、偶然が続いただけだ」

と繰り返し自分に言い聞かせることが効果的です。

「自分は幸せでいてもいいんだ。幸せな状態が自分にとっての当たり前の状態なんだ」

と思っていると、心にはプラスのエネルギーがたまり、ハッピーな出来事を呼び寄せます。

それに、もし何かイヤなことが起きても、

「これは突発的な出来事。いずれまた幸せな状態に戻れるよ」

と前向きに考えることができるようになります。

28 自分との約束をおろそかにしない

私たちは彼氏や友だちとの約束は大切にするのに、自分のために予定していたことは、簡単にやめてしまったりするものです。

例えば、正月の休暇に新しい日記帳を買って、その年の目標を立てたことが、あなたにもあるでしょう。そして、

「去年は忙しくて大好きな映画鑑賞に行けなかったけど、今年はなんとか都合をつけて、月に一本は映画を見るようにしよう」

「今年こそ英会話教室に通って英会話をマスターしよう。そして、夏休みは海外旅行に行こう」

というような目標を立てたのに、仕事が忙しくなり、結局、目標の半分も叶えることができなかった、なんて経験も、きっとあるのではないでしょうか。

考えてみると、目標って、「自分との約束」です。

自分の心が「コレをやりたい」と思っていることを、「じゃあ、ぜひ実現しようね。そのためにがんばろうね」と思って、自分自身にその実行を誓うことが、目標だからです。

この、自分との約束を守らないと、私たちの心の中には、自分に対する不信感が芽生えてきます。

「私って、『やる』と言ったことをやれない、ダメな人間だ」

という思いが、自分でも気づかないうちに膨らんで、自信を失うことにつながるのです。

あなたがもし、彼氏や友だちとの約束は必ず守るのに、自分との約束はおろそかにしているというなら、自分に自信がもてない原因はそこにあるのかもしれません。

29 自分のためのアポを取る

前の項で、自分との約束を守ることの大切さを紹介しました。

でも、毎日忙しく暮らしていると、色々とやらなければいけないことがあって、つい自分のことは後回しになってしまうものです。

そんな中で自分との約束を守るためには、ちょっとしたコツがあります。

それが、自分との約束について、きちんとアポを取るということです。

私たちは、他人との約束については期日を決めるのに、自分との約束については、

「時間ができたら映画を見よう」

「仕事が一区切りついたら英会話教室に申し込みに行こう」

というふうに考えがちです。

でも、実際の生活では、いつまでたっても時間はできないし、仕事に区切りもつかないのです。予定は次から次へと入ってくるからです。

ですから、時間ができるのを待つのではなく、自分のための時間を事前に確保しておくことが大切なのです。

「毎月第一土曜日の午前中は映画を見に行こう」

「今度の週末にいくつか英会話教室の見学に行って、来月にはスタートしよう」

そのように具体的な日時を決めて、スケジュールを空けておくことで、自分との約束を確実に守ることができます。

このとき、他人から何か誘われたり、別の用事を頼まれたりしても、そちらを優先する必要はありません。それらの約束は別の日に入れましょう。

自分のためにアポを取る習慣ができると、自分が好きになってきます。

他人に振り回されていた自分から、自分を大切にしている自分に変身しつつあることを実感できるからです。

第3章

「気持ちの切り替え上手」な人に幸せはやってくる

30 ストレスの芽は早めに摘み取る

怒りや悲しみ、不安や嫉妬など、ネガティブな気分は放っておくと持続します。

そして、私たちはネガティブな気分でいると、物事を悪く受けとめやすく、悪い考えをしやすくなります。時にはその気分につられ、後悔するような行動をしてしまうこともあります。

そんなことをなくすためにも、日常の中でイヤな気持ちになったときは、できるだけ早めに気持ちを切り替えられる方法を知っておくことが大切です。

温泉につかるとか、旅行に行くとか、お金や時間をそんなにかけなくても、簡単にできる方法はたくさんあります。

ネガティブな感情についてちょっと考えてみただけでも、

「あ～、イライラする！」

「は〜、どうしてもテンションが上がらないなあ」

「うーん、頭の中がモヤモヤして、ちっとも考えがまとまらないよー」

「気づくとイヤな思い出のことばかり考えている。もう忘れたいと思っているのに！」

という具合に、色々な種類があるものです。

そんなときは、自分なりの気分転換法を多く持つことで、様々なケースのストレスに対応できるようになります。

いい気分で生活することは、そのまま幸せに暮らすことにつながります。

この章では、気分転換の方法を紹介します。

マイナスの気持ちが生じたら、早めに気分転換をして、気持ちを切り替えましょう。その習慣が身につくと、笑顔でいられる時間が増えていきます。

31 携帯電話の着信音を変える

「ようし、今日から本気でなりたい自分を目指すぞ！」

そう気合いを入れたあなたにオススメしたいのが、携帯電話の着信音を新しく変えることです。

変える音は、いつものような流行の歌や、なんとなく気にいった音ではありません。

今度の着信音は、あなたの毎日の「テーマソング」になるような、元気の出る曲、何度聞いても飽きない曲を選びましょう。

最近は、クラシックやジャズなど、たくさんのジャンルの曲を着信音として使うことができます。中には、懐かしいアニメソングの主題歌など、「え？　こんな曲まで？」と思うようなものもありますので、あなたらしい一曲もきっと見つかるでしょう。

ＯＬのＫ子さんは、尊敬する会社の先輩がカラオケでよく歌うという洋楽を、新しい着信音にしました。

「この着信音を聞くたびに、『私も憧れの先輩に近づけるようにがんばろう』と気合いが入るんです。電話がかかってきたときだけじゃなく、元気が欲しいときには着信音を鳴らして、自分への応援歌のように使っています」

ということでした。

あなたにも、その曲を聴くと、自然と気合が入ったり、背筋がシャキッと伸びたりするような思い入れのある曲はあるのではないでしょうか？

音楽は、とてもストレートに私たちの心に影響します。

毎日何度も聴く着信音は、あなたに予想以上の気持ちの変化を与えてくれることでしょう。

32 一人で喫茶店に入る

最近、一人で喫茶店に入りましたか？

喫茶店というのは、カウンターに並んでお金を払うようなコーヒーチェーンではありません。コーヒー一杯の値段はチェーン店に比べると高いけど、静かで、何分でも座って考え事ができるような落ち着いた空間のある店のことです。

私たちは普段、買い物に行ったり、仕事に出かけたり、友だちとの約束があったりしない限りは、近所のスーパーやコンビニくらいしか、あまり出かけないものです。

そんな日常に、「一人でオシャレで落ち着いた喫茶店に行く」という時間をプラスしてみましょう。そして、何をするでもなく、ボーっと自分の将来のことなどを考えてみてください。

すると、忙しい日常の中で忘れていた、「本当はやってみたい趣味」とか、「次の休みの面白い過ごし方」とか、「最近の自分の生活についての反省点」など、色々な考えが湧きあがってくるはずです。

そういう、とりとめもなく頭に浮かんでくることが、次の目標を立てることにつながったり、悩みを解決するヒントになったりすることがよくあります。

そして、その時間が心のモヤモヤをスッキリするためにはとても効果的なのです。

近くにそんなオシャレで落ち着いた雰囲気の喫茶店はない、という人は、これを機会にお気に入りの店を探してみるのも楽しいでしょう。

最初、一人で店に入るのが恥ずかしかったり、何もすることがない時間を過ごすことが退屈に感じたりするかもしれません。

でも、何回か通って慣れた頃には、一人で自分に向き合えるその時間が生活に欠かせないものになると思います。

33 一人で映画館に行く

真っ暗な場所で、大音量の音と大きな映像に包まれる映画館は、気分転換にピッタリの場所です。

ポイントは、一人で映画を観るということです。

友だちや恋人と一緒に映画を観に行く機会はあっても、一人でわざわざ映画館に行くという人は、そう多くはないと思います。

映画は誰かと一緒に行っても楽しいものです。でも、誰かと一緒だと、隣にいる相手のことが気になって、映画に夢中になることができません。

それに対し、一人なら笑いたい場所で大声で笑ったり、悲しい場面で号泣したりできます。そして、そうやって喜怒哀楽の感情を外に出すことは、やってみるととても気持ちのいいことなのです。

会うたびに笑顔がステキなOLのF子さんは、イヤなことがあった日は、会社を定時で切り上げて、定期券の範囲のターミナル駅でやっている映画館に立ち寄るそうです。

「平日の夜の映画館はすいているので、隣に誰かが座ることは滅多にありません。だから、映画のストーリーに思いっきり感情移入して、大声で泣いたり笑ったりします。

映画を観ている最中は、イヤなことを忘れてしまうじゃないですか。そのせいか、観終わった頃には気分がスッキリします。一人で観る映画は私にとっての心の洗たくのようなものです」

と、いつも元気でいる秘訣を語ってくれました。

ちなみに、映画の内容は途中は悲しくても最後はハッピーエンドのものが理想的です。観終わったあとに深刻な気分になるドキュメント映画やホラー映画は、元気になるどころか落ち込んでしまう可能性もありますので、注意してください。

34 平日に休みを取ってみる

自信を取り戻したいときに効果があるのは、平日に有給休暇を取り会社を休んで、自分の好きなことをして過ごすということです。

いつもなら電車に乗っている時間に、ゆっくりとコーヒーなどを飲んでいると、まずは、

「ああ、今日もみんなは会社に行って仕事してるんだ」

というような、ちょっとした優雅な気分を感じることができるでしょう。

次に、街に出てずっと先延ばしにしていた買い物を済ましたり、すいている公園や美術館に立ち寄ったり、好きなことをして過ごしていると、

「平日だって休もうと思えば休めるんだ」

「私の人生の時間は、私が好きなように使うことができるんだ」

という前向きな気持ちが沸いてくるはずです。

私たちのストレスの多くは、会社の人間関係や、仕事の疲れが原因です。本来なら、自分の人生を豊かに過ごすために働いているはずなのに、いつの間にか会社が自分を苦しめているような気がしてしまうことも、よくあります。

まるで、私たちの人生と仕事は、ぴったりとくっついているように見えます。でも、実際はそうではないのです。

仕事がどんなにつまらなくて、上司が嫌いだとしても、自分の生活をハッピーにすることはできるのです。

平日に有給休暇を使って会社を休むことは、そんな当たり前のことを気づかせてくれます。

平日に休みを取るのは、最初のうちは勇気が要るでしょう。でも、当然の権利なのですから、必要以上に遠慮する必要はありません。ドキドキしながら上司に休暇の申請を出すことも、あなたにとっては良いチャレンジになります。

35 瞑想でポジティブになる

普段から将来に不安を抱いていたり、生きていくのに自信がなかったりすると、ちょっと体調を悪くしただけで、悲観的になってしまうことがよくあります。でも、体調を崩すたびに、せっかく積み上げてきた自信が失われてしまうようでは、いつまでたっても自信に溢れた自分になることができなくなってしまいます。

そこでオススメなのが、ちょっと調子が悪いときや、落ち込みすぎて元気が失われたときに、ヨガのリラックスポーズをしながら、瞑想（メディテーション）することです。

リラックスのポーズには、体の疲れを取る効果があります。その上、瞑想には、ストレスをやわらげる効果があるため、気持ちを切り替えるにはピッタリです。

具体的なやり方は次のとおりです。

まず、床に仰向けの状態に寝て目を閉じます。

次に、両方の手の平を上に向けて、体側三〇度の位置におきます。また、両足を三〇度くらいの角度に開きます。

そして、体全体の力を抜きます。

体の力を抜いた状態で、山の上でくつろいでいるシーンや、芝生の上で春の日差しを浴びているシーンなど、自分がリラックスしていて気持ちが良いイメージを思い浮かべます。

すると、いつの間にか驚くほどくつろいだ気分になっていることを実感できるでしょう。

この方法で、あなたの心の中にあったマイナスのエネルギーは体の外に出て行ってしまいます。

36 美容院やエステに行く

気分転換をしたいとき、美容院やエステなど、自分をキレイにするための場所に行くのも効果があります。

美容院やエステは人の手が自分の体に直接触れるので、〝人肌〟による癒し効果も期待できます。

ただし、ただフラーっと行ってフラーっと帰ってくるのではなく、

「この癒しの時間のうちにイヤなことは忘れてしまおう」

と決めて出かけることがポイントです。

髪を洗ってもらうときは、ジャージャーと流れるお湯と一緒に、頭の中のモヤモヤやイライラが流れていくことをイメージしましょう。

髪を切るときも、切った髪の毛と一緒に、イヤなことも一緒に捨ててしまうよ

うなイメージを持ってください。

エステも同じように、マッサージを受けるときは、自分の中の怒りや悲しみが、溶けてなくなっていくと考えると効果的です。

スタッフの人から、

「お仕事のほうはどうですか？」

なんて話しかけられたときは、

「それが、嫌いな人が多くて参ってるの」

と言ったあとで、グチを言う代わりに、

「でも、もう大丈夫。髪を切ったらスッキリしちゃった」

と言い切ってしまいましょう。

一番大切なのは、お店に入る前の自分と、お店から出た自分とは、外見が変わったように、心の中もリセットされたんだと、自分に思い込ませてしまうことです。

37 自然に触れる

気持ちをポジティブに保つためには、心身を休めてリラックスすることが大切です。

エネルギーを効率よく得るためにオススメなのが、自然の多い場所に出かけることです。

海、山、森、高原など、大きな自然の中でゆっくりした時間を持つことで、あなたの体にはみずみずしいエネルギーが入ってきます。

土の上を裸足で歩いたり、大きな木を抱きしめたり、海の中に入ったりするのは、直接自然のエネルギーを取り入れることができます。

もし、休むことに罪悪感を持っている人は、その気持ちを切り替えるために、次のように考えたらどうでしょうか。

「心も体も大切にできる私って、賢いなぁ」

「毎日過酷な仕事に耐えていて、えらいね。今日はゆっくり休んで、エネルギーをいっぱいもらって帰ろうね」

「人生を大事にするために、思い切って気分転換を実践している私って、すばらしい」

　そうやって、休んでいる自分を肯定してあげるのです。

　何かに集中してがんばるときと、思いっきりリラックスして休むとき。そのメリハリをつけることで、あなたの心身は本来持っている能力を発揮しやすくなります。

「この頃、不安な気持ちが強くなってきたなあ」

　というときは、エネルギーが不足しているのかもしれません。そんなときは、身近なところにある自然に触れることで、自分にエネルギーを注いであげましょう。

38 お世話になった人に手紙を書く

手紙を書くことは、気持ちを整理するために効果があります。

書き始めたときは、心の中がモヤモヤしていたのに、手紙の相手に自分の近況を語るうちに自分を取り囲んでいる全体像が見えてきて、手紙を書き終わる頃には自分が次に進むべき方向が見えてきた、というようなこともよくあります。

手紙を書く相手は、子供のころにお世話になった郷里の親戚のおばさんや、学生時代の恩師、親交のあった友だちなどが良いでしょう。

内容は、短くてもいいのです。大切なのは、自分にとって大切な人に向かって、何か行動を起こすということです。

誰でも、お世話になった人に連絡をするときは、気持ちがシャキッとするものです。

落ち込んだ気持ちでペンを持った人も、懐かしい人の顔を頭に浮かべながら手紙を書いているうちに、

「私ももう少ししっかりしなくちゃ」

「田舎の皆に恥ずかしくない毎日を送ろう」

というように、自然と前向きな気持ちになれるでしょう。

あなたにも、あなたの書いた手紙を心待ちにしている人が、必ずいるはずです。笑顔の写真を同封すれば、さらに相手は喜んでくれるでしょう。

ただ、普段から手紙を書きなれていない人にとっては、手紙というのは結構面倒なものです。

ですから、自分が筆不精だなあと思う人は、何かのついでのときに、便箋と封筒と切手をまとめて買っておいて、時間ができたときにサササッと書けるよう準備をしておくといいでしょう。

39 励ましてくれる友だちに電話する

人と話すことも、気持ちを切り替えるために効果があります。

人間は、とても複雑なようでいて、とても単純なところもあります。

さっきまでものすごく落ち込んで、

「私なんて幸せになれないに決まっている」

「どうせがんばるだけ無駄なんだ」

などと思っていても、信頼している人に、

「何言ってるのよ。あなたってステキな女性じゃない」

「大丈夫よ。そのままがんばっていれば、うまくいくよ」

などと声をかけられると、次第に自信を取り戻すことができるのです。

また、自分の心を人に話すことは、

「どうして、こんなに不安になったんだろう」

「今、私はどうしたいんだろう」

などの問題点をはっきりさせることができるので、一石二鳥といえるでしょう。

話す相手は、あなたのことをよく知っていて、いつも味方になってくれる親友がベストです。

直接会えないなら、電話で話を聞いてもらい、

「それは大変だったね」

と優しい言葉をかけてもらえば、不安な気持ちが和らぐでしょう。

親友はきっと、あなたの弱さも受け入れてくれます。

「迷惑がかかるかもしれない」

などと考えずに、たまにはグチをこぼさせてもらいましょう。

逆に、その親友から相談を受けたときは、嫌がらずに聞いてあげることも大切です。

40 神社にお参りに行く

日本人は昔から、正月やお祭りには神社に行って、その年の幸せを祈ったり感謝したりする習慣があります。

受験の年にはお守りを買ったり、厄年の年には厄除けの札を買ったりしたことがある人もいるでしょう。

実は、神頼みは、自信がないときに、元気を取り戻すためにとても良い方法です。

ポイントは、「神様にお願いしたのだから、もう大丈夫」と信じきることです。お守りを持ち歩いて、不安になったらそれを握るというように、精神安定剤のような役割を期待することもできます。

スポーツ選手には、信心深い人が多くいますが、それは、「神様がついているから大丈夫」という自己暗示をかけることで、実力を十分に発揮できるという効果があるからなのです。

神頼みが、占いよりも優れている点があります。

それは、神頼みにはマイナスの暗示が心に入る可能性がないということです。

占いは、「絶対に大丈夫」と言ってくれることもありますが、場合によっては、「時期が悪いですね」とか、「あなたには向いていません」など、マイナスの意見を言われることもあります。

すると、気の小さな人は、マイナスの暗示にかかってしまい、不安が膨らんでしまうのです。

でも、神様は決して、マイナスの言葉は言いません。

そして、あなたの努力をそっと遠くから応援してくれるでしょう。

41 呼吸法でマイナスの気持ちを追い出す

心と体は密接につながっています。

心がマイナスの状態でいっぱいになると、体もそれに応じた反応をします。これは、逆から考えれば、体の状態を変えることで、心の状態も変えられるということです。

落ち込んでいるときにとくに効果的なのが、呼吸法でリラックスするやり方です。

呼吸法のやり方は、次のとおりです。

まず、鼻からゆっくり息を吸い、三秒止めます。

次に、お腹を引っ込めながら、息をできるだけ長く口から吐きます。

ここでのポイントは、息を吐いた時にお腹を引っ込め、吸った時にお腹を膨らますということです。

息を吐くときは、頭の中の嫌な事をきれいさっぱり吐き出すイメージをします。息を吐くと同時に、イヤな思いも頭の中から追い出してしまうのです。

息を吐ききったあとは、自然と息を吸うことができますので、今度は鼻から息を吸いこみます。

この時は、全く新鮮で、自分にとって素晴らしいエネルギーをあたえてくれる空気をイメージしながら吸うのです。

つまり、息を吐くことでマイナスのエネルギーを追い出し、息を吸うことでプラスのエネルギーを吸うというイメージです。

これを一〇回くらい繰り返すと、自然と落ち着き、不安な気持ちがおさまってくるはずです。

デート中に彼氏にイヤなことを言われたとか、会社で上司に腹が立ったときなどは、爆発する前にトイレやベランダに行って、コッソリと呼吸法をすれば、大きなトラブルになるのを避けることができるでしょう。

42 カラオケに行く

何か悩みがあるときって、同じことをグルグルと考えてしまい、なかなか先に進めないものです。そういうときは、どんなに考えてもいいアイデアが浮かんできません。それどころか、悲観的になって、悪いことばかり考えてしまうこともよくあります。

そんな状態を抜け出すためには、体を動かしたり、大きな声を出したりすることが効果的です。

体を動かしたり、大声を出したりすると、グズグズと同じことばかり考えていた脳のスイッチが一度オフになります。そして、その代わりに、体に運動や発声のための別のスイッチが入ります。

そのため、カラオケに言って大声で歌ったり、踊ったりすることは、悩んでいるときの気分転換にもってこいなのです。

そして、考えごとをしていた脳の方も、一度スイッチを切ることで冷静になれるので、もう一度それについて考えたときに、いいアイデアが浮かぶこともよくあるのです。

派遣社員のY子さんのストレス解消法もカラオケです。

「私の場合、人間関係に悩んだとき、感情をたっぷり込めて洋楽を歌うといいストレス解消になります。歌詞が英語なので、脳が字幕を読むのに必死になるんでしょうね。少なくとも歌っている間は、悩みのことなんてすっかり忘れられるし、歌い終わると頭がスッキリして、悩んでいたことが小さいことのように思えるんです。

一人でカラオケに行くのって最初は恥ずかしいと思ったんですが、一人で来ている人も意外と多いみたいなので、今は平気です」

最近、悲しいときに悲しい曲を歌うと、ストレス解消により一層役立つということがわかってきました。

43 うまくいかないイメージを捨てる

憧れの彼にキレイな恋人がいると知った。

会社で苦手な先輩と一緒に仕事をすることになってしまった。

「今度こそ、うまくいった」と思った資格試験に落ちてしまった。

そんなショッキングなニュースが続いたときなどは、誰だって
「だめだなあ。やっぱり私ってツキに見放されているのね」

などと、思ってしまうものです。

しかし、心にそんなマイナスの思いを抱えていると、マイナスの出来事を呼び寄せてしまいます。

そんなときは、できるだけ早めに心の中からマイナスの気持ちを追い出してしまいましょう。

やり方は簡単です。

①うまくいかないイメージを、頭から追い出す。
②いずれ、良いこともあるはずと考える。
③今は、忍耐の時、きっともうすぐうまくいく。うまくいかないのは今だけと考える。
④失敗を乗り越えた明るい未来を想像する。

目を閉じて、深く息を吸いながらやると、とくに効果が高まります。

悲しい気持ちや怒りの気持ちは、放っておくと、どんどん大きくなって自分を苦しめます。

できるだけ早い段階で心の中から追い出して、心にマイナスのエネルギーをため込まないようにしましょう。

44 思い切って引っ越す

「何をやってもパワーが出ない」

「気づくといつも、同じ悩みのことを考えている」

という一人暮らしの人にオススメなのが、思い切って引っ越しをすることです。

もちろん、引っ越しにはお金もかかりますし、なんといっても労力が必要です。

少し挙げてみるだけでも、住宅情報誌やインターネットで情報を集めて、週末に不動産屋を訪ねて内覧し、部屋が決まったら荷物をまとめて、ガス会社や電話会社に引っ越しする旨を連絡。引っ越ししたあともパソコンの設定や、電話番号の変更の連絡、新しい定期券の購入など、とにかく面倒な作業が目白押しです。

でも、だからこそ、引っ越しは気持ちを切り替えるために効果があるのです。

同じベッドで起きても、部屋が違えばまったく気分は違います。

同じ会社に通うのも、違う部屋から向かうのでは、毎日が新鮮な気分です。

今の部屋に悲しい思い出やイヤな思い出があるという人は、引っ越しの不用品と一緒に、その気分も一掃してしまいましょう。

とくに、今いる場所に住み始めてから、なんとなくツキが落ちた気がする、という人は、もしかしたらその部屋との相性がよくないのかもしれません。

その場所の持っているパワーが住む人に与える影響は、予想以上に大きいものです。

新しい部屋を探すときは、部屋の中を見るだけでなく、街並や建物全体が明るいところを選ぶようにすると、楽しい新生活を送れるでしょう。

お金に余裕がある人はちょっと考えてみてもいいかもしれません。

第4章

すぐにできる「モチベーションアップ法」

45 落ち込んでも元気になれる自分になる

これまでに紹介した考え方や行動を実行することで、あなたの中には少しずつ自分に対する信頼や自信が芽生えてくるはずです。

でも、そこから努力を続けて、本当に自分が変わるまでには、そこそこの時間がかかるものです。

途中でアクシデントに見舞われて、せっかく積み上げてきた自信が、一気に揺らぎそうになる場面もあるかもしれません。

そういうとき、これまでのあなたは、

「やっぱりダメだ。幸せになりたいなんて、夢見るだけ無駄だった」

と考えてしまったかもしれません。

でも、これからのあなたは違います。

くじけそうになっても、何度でも自分を励まして、なりたい自分を目指すことを諦めません。

それでも、どうしてもエネルギーが足りないときは、自分なりのパワーを取り戻せる方法を見つけておいて、実行するのがオススメです。

この章では、不安に負けそうになったときに、勇気を取り戻すために効果があるいくつかの方法を紹介します。

人は一度、大きく落ち込んでしまうと、立ち直るのに時間がかかり、チャレンジすること自体を諦めてしまうことがよくあります。

ですから、不安な気持ちが沸いてきたときは、本格的に落ち込む前に、エネルギーを取り戻すことがとても大切です。

ここで紹介する方法は、簡単にできて即効性があるものばかりです。

別の章で活用した方法と組み合わせて、自信に溢れる自分を目指していってください。

46 朝起きたらその日のテーマを決める

「光陰矢のごとし」ということわざもあるように、時間は意識しないでいると、アッという間に過ぎてしまいます。

朝起きて、会社で仕事をして、家に帰ったあとテレビを見て、友だちに電話したら、もう寝る時間。週末もいつもよりゆっくり起きて、部屋の掃除と買い物を済ませたら、アッという間に夜になってしまった。

こんな毎日を繰り返していると、一か月や一年はすぐに経ってしまいます。そして、「ああ、私は何もやり遂げていない」と落ち込むことになるのです。

時間を有効に使い、なりたい自分に近づく方法として、朝起きたらその日のテーマを決める、ということがあります。

「今日は苦手な先輩に思い切って話しかけてみよう」

「今日は人の良いところを見つけることを意識して過ごそう」

「今日は仕事に集中する日にして、他のことは明日以降にまわそう」

「今日は他人の言動にイライラしないことを目標にしよう」

そんなふうにテーマを決めて、意識して過ごすと、生活の中にメリハリがつきます。

そして、毎日自分を成長させるためのテーマに沿って過ごすことで、確実に自分自身をバージョンアップさせることができるのです。

朝はバタバタしていて、目標を立てているヒマなどないという人は、通勤電車の中でじっくりと考えてから、その日一日のテーマを決めるといいでしょう。

47 手帳に「元気をくれる言葉」を書いておく

言葉というのは、不思議な力を持っています。

ほんのちょっとした一言で、涙が出るほど悲しくなったり、反対にものすごい元気が出たりします。

あなたも今までに、ハッとするような新鮮な気づきをくれた言葉や、ドキッとするような反省を促してくれた言葉、一気にやる気が出るような元気をくれた言葉に出会ったことがあるでしょう。

例えば、会社で席についてすぐ、手帳を開いてその言葉を見ることで、その日一日がんばる力が湧いてくる。

失敗したり怒られたりして落ち込んだ時も、その言葉を見れば前向きになれる。

そんな言葉を、普段から集めておきましょう。そして、手帳に書き留めてください。

私からこの話を聞いたＯＬのＢ子さんは、次のような言葉を手帳の最初のページに大きく書きました。

「今日が残りの人生の最初の日」

「私を幸せにできるのは私しかいない」

「誰も見ていなくても、神様が見ていてくれる」

これは、Ｂ子さんの尊敬する先輩が貸してくれた自己啓発の本の中に書かれていた言葉だそうです。Ｂ子さんは、体が疲れていたり、前の日に辛いことがあったりしても、朝、会社に着いてこの言葉を見ると、自然と笑顔になれると言っていました。

Ｂ子さんは元気の出る言葉を本の中から見つけましたが、人によっては好きな曲の歌詞や、尊敬する人の言葉なども、対象になるでしょう。

48 不安な要因を紙に書いて捨てる

不安な気持ちが沸いてきたとき、それを一瞬で消せる方法があります。

不安な要因を紙に書き出して、燃やしてしまうというやり方です。

例えば、会社で上司に叱られたことで、今までせっかく積み上げてきた自分に対する自信が崩れてしまいそうになったときです。

「大丈夫だ。明日からまたがんばればいい」

と自分に言い聞かせても、不安が消えないとき。

そんなときは、

「勇気のない自分」

「おきてしまったことをクヨクヨと気にする自分」

と紙に書いて、それを燃やしてしまいましょう。

そのときに、

「私の中の弱虫は、燃えてしまった。さあ、もう大丈夫だ」

と口に出して言ってみると、さらに効果的です。

このやり方を試してみた女性が、こんなことを言っていました。

「私の場合、自分が親から厳しく育てられてきたせいか、何か人から言われると、『私なんてダメだ。お母さんもいつもそう言っていた』という気持ちになって落ち込んでしまうんです。

そんなとき、紙に「弱虫の自分」と書いて燃やしたんです。燃えていく紙を見ているうち、本当に自分の中の弱さがなくなってしまったような気がしました。その日は、すぐに気持ちを切り替えられました」

単純な方法なので、拍子抜けする人もいるかもしれませんが、やってみると、とても効き目があります。

火が嫌いな人は、紙を丸めて捨てるという方法でもかまいません。

49 自己啓発本を読む

自信を失ったときは、何もやる気が起きなくなるものです。

頭の中には、自分を傷つけた相手に対する憎しみや、ふがいない自分に対する自己嫌悪の気持ちがグルグルと渦巻きます。

そういう気持ちのときは、誰にも会いたくない、一人で過ごしたい、と思う人は多いでしょう。

でも、一人でボーッとしていても、心にたまったマイナスのエネルギーを減らすことはできません。何もしないでいれば、悪い考えばかりが浮かんで、マイナスのエネルギーを増やしてしまうでしょう。

そんな人にオススメなのが、自己啓発の本を読むことです。

自己啓発の本には、前向きになれる言葉がたくさん載っています。それらの言葉は、あなたに元気を与え、心の中にたまったマイナスのエネルギーを、プラスに変えてくれるはずです。

多くの人は、心の状態は自分でコントロールできないと考えています。

「本を読むくらいで元気になれるんだったら、苦労しないよ」

と思う人もいるかもしれません。

でも、良い本には、人の気持ちを一八〇度変えてしまうパワーがあります。言葉はパワーを持っています。それは、口に出す言葉だけでなく、紙に書かれた言葉も同じなのです。

本屋や図書館に行くと、読む人にパワーを与えてくれる本が、たくさん並んでいるはずです。それらを何冊か読んでみると、自分に合った一冊がきっと見つかります。

「自信を失っても、この本を読めばまた元気になれる」という一冊が、誰にでもあるものです。そして、その一冊はあなたの人生にとって大きな財産になるのです。

50 「ファンタジーマップ」を作る

自信を失いそうなときって、心の中がグチャグチャになってしまうものです。

そんなとき、基本に立ち戻り、気持ちをリセットするのに効果的なのが、ファンタジーマップを作ることです。

ファンタジーマップとは、写真を使って自分の夢ややりたいことなどを、具体的に表現したものです。

やり方は、簡単です。

まず、模造紙の真ん中に自分の写真を張ります。

次に、自分の写真の周りに、自分が叶えたい夢を示すような写真を貼っていきます。

結婚したい人なら、ウエディングドレスや教会の写真を貼ったり、旅行が好きな人なら、行ってみたい場所や、ホテルの写真を貼ったりするといいでしょう。写真がなければ、雑誌の切り抜きでも十分です。

大切なのは、自分の心と脳に、「私の夢はコレですよ」と伝えてあげることです。

ファンタジーマップを作ったことのある人たちに話を聞いてみると、多くの人が、

「自分のやりたいことが具体的になるうちに、将来に対しての不安が消えた」

「書いているうちにワクワクしてきて、暗い気持ちが吹き飛んだ」

などと言っています。

是非みなさんもファンタジーマップを作成することをおススメします。

51 映画の主人公になりきる

落ち込んでしまいそうなとき、勇気を取り戻すために効果的なのが、映画の主人公になりきることです。

もちろん、映画といっても何でもいいわけではありません。理想的なのは、自分に自信を持てないでいる主人公が、少しずつ成長していくストーリーです。

例えば、落ちこぼれの主人公がだんだんと勝ちあがっていくスポーツ映画などは、元気を分けてくれる映画の代表でしょう。

元気のないときに、間違ってホラー映画や恐ろしい映画などを選んでしまうと、ますます落ち込んでしまうことになるので、その点はビデオの裏にある解説をよく見て、選ぶようにしてください。

レンタルビデオ店に行けば、数えきれないほど多くの作品が並んでいます。

時間があるときに面白そうなものを見ておいて、

「これは自信を失ったときに観る映画」

「これはもうひとかんばりしたいときに観る映画」

「これは自分の心に向かいあいたいときに観る映画」

「これはリラックスしたいときに観る映画」

というふうに、自分なりのリストを作っておくのもオススメです。

部屋を暗くしてヘッドホンをつけて観ると、ただ漫然と見るのと違い、映画の中にのめり込むことができます。

すると、見終わった頃には、気分がかなり変わっているはずです。

映画の力を借りるなんて、オリジナリティがないと思う人もいるかもしれません。

でも、このやり方は多くの人が実践してパワーを取り戻しています。

短時間で気分転換をはかれるので忙しい方にもピッタリの方法です。

52 成長日記をつける

うまくいかないときは、自分が同じ場所をグルグルと回っているだけで、ちっとも前に進んでいないような気がするものです。

そして、

「あんなにがんばったのに、前とちっとも変わっていない」

と思うことは、せっかくのモチベーションを下げてしまうことにつながります。

それを避けるためにオススメなのが、自分が主役の「成長日記」をつけることです。

やり方は、毎日、小さなことでもいいので、自分が「成長した」と思えるような出来事を日記に書いていきます。

「今日は課長に嫌味を言われたとき、イライラしないでサラッと流すことができた」

「彼氏からのメールの返事が遅くてちょっとムカついたけど、前みたいに催促のメールを出すのはやめて静かに待った」

「お肌の調子がいい。地道にマッサージを続けてきた効果が出てきたみたい。前は三日坊主だったのに、自分でもよくがんばっていると思う」

「意地悪なD子の誘いを、笑顔で断ることができた」

探してみれば、そんなふうに自分の成長を感じられるようなことが、毎日いくつかは見つかるはずです。

そして、自分の成長の記録をつけることは、落ち込んだときの自分を励ますためにとても効果的なのです。

「私はちゃんと前に進んでいる。だから、心配しなくても大丈夫」

つらいときは、成長日記を読んで自分を勇気づけてください。

53 幸せな人と話をする

結婚するつもりだった彼氏にふられて、目の前が真っ暗になったとき。

人事異動で希望しない部署に決まってしまったとき。

そんなふうに、

「あーあ、こんなはずじゃなかったのに、ツイてないなあ……」

「私ってやっぱり幸せになれない運命なのかもしれない……」

と泣きたくなるときって、ありますよね。

そういうときって、結婚して子供を生んで人生安泰に見える元同僚や、一流企業に入って好きな仕事をバリバリしている学生時代の仲間など、自分が手に入れたいのに手に入らないものを持っている人たちを、うらやましい思いで見てしまうものです。

「あの人はいいなあ。それに比べて私なんて……」

そう思って惨めな気持ちになる人もいるでしょう。

でも、いつもツイていない自分を卒業するためには、幸せな人をうらやましがってはいけません。その代わりに、彼女たちがどうしていつも幸せなのかを、学ぶようにしましょう。

苦しいかもしれませんが、ツイていないときこそ、幸せそうでいつもニコニコしている人と会って、話してみてください。

そのときは、グチや悪口を言ってはいけません。幸せな人は、あなたがグチや悪口ばかり言えば、もう会ってくれなくなるかもしれません。

「実は、こんなことがあって落ち込んでるんだ。J子ちゃんもそういう経験ある？」

なんて具合に、明るく相談を持ちかけることで、きっといいアドバイスをもらえるはずです。

幸せな人は、それなりの努力をしてきた人です。彼女たちを良い先輩として、つらいときこそ幸せのノウハウを教えてもらいましょう。

54 応援してくれる仲間を作る

あなたは自分で自分のことを「傷つきやすいタイプ」だと思いますか？

答えが「イエス」の場合、あなたは何かにチャレンジしても、対人関係が原因で、つまずいてしまうことが多いのではないでしょうか。

そんな人は、ぜひ自分を応援してくれる仲間を作りましょう。

「実はちょっと今、落ち込んでるの」

と言ったとき、

「大丈夫。きっとうまくいくから諦めないで」

という言葉をかけてくれる存在がいるかどうかは、その後の気持ちに大きな影響を与えます。

「でも、私の周りにはそんな友だちがいないんです。それどころか、私が失敗すると『背伸びするからそうなるんだよ』なんて、バカにするような人ばかりで……」

という人もいるでしょう。

そういう場合、今の友だちにこだわる必要はありません。あなたをバカにする友だちとは距離を置いて、新しく応援しあえるような仲間を作りましょう。

そのためには、地域のサークルに入ったり、スポーツを初めてみるといいでしょう。

同じ地域に住んでいる人や趣味が同じ人というのは、共通点が多いため、自然と親しくなれるものです。

ただし、サークルではムッツリとして下を向いていてはいけません。少し勇気を出して自分から笑顔であいさつをすることで、少しずつ仲間が増えていくでしょう。

55 初心に戻って考えてみる

やるきが湧いてこなかったり、困難な状況にぶつかってへこたれそうになったりするとき、その原因はたいてい、そのときの周囲の状況にあるものです。

「あ〜あ、今日は暑いから、なんだか仕事に集中できないなあ」

「お金もないし両親も強く反対しているから、やっぱり一人暮らしはやめておいたほうがいいのかなあ」

という具合です。

そんなときは自分がやろうとしていることについて、「どうしてそれをやろうと思ったのか」考えてみると、モチベーションを取り戻すことができます。

「私はこの仕事を絶対に成功させて、お世話になった上司へ恩返しをするって決めたんだった」

という初心を思い出せば、暑いからといって、ダラダラしていてはいられないという気持ちになります。

「そうだ。私が一人暮らしをしたいと思ったのは、少し過保護すぎる両親から自立するためだった」

という初心を思い出せば、やっぱり、両親が何と言おうと一人暮らしを始めようと決心することができるでしょう。

目標が大きくなればなるほど、それをクリアするまでに、時間がかかったり、困難にぶつかったりするものです。つい、諦めたくなることもあるでしょう。

そんなときは、初心を思い出しましょう。苦しい状況に流されそうになったときも、目的を再確認することで、人は何度でもエネルギーを取り戻すことができるのです。

56 起きたことにプラスの意味づけをする

どんな出来事も、受け止め方次第で、どうにでも変わります。

ツイている人は、必ず物事の良い方を見ようとします。ときには驚くほど、都合の良い風に考えられるものです。

人になんと言われてもいいのです。あなたは、あなたが一番ハッピーになれる受け止め方をしましょう。

例えば、一生懸命にやったのに、失敗をしてしまったときは、

「私って本当にツイていない」

「あの人のせいよ。私ひとりならちゃんとできたのに」

なんて、自分を責めたり、誰かのせいにしたりしても、何も解決しません。

それどころか、マイナスの言葉はマイナスのエネルギーとなって、よくないで

きごとを呼び寄せてしまうのです。

これからは、望まない出来事が起きたときも、プラスの受け止め方をするようにしましょう。

少しくらいこじつけたっていいのです。

例えば、

「うまくいかなかったのは、『今はやめておけ』という神様からのメッセージかもしれない」

「早い段階で失敗してよかった。もっとあとなら大事になっていた」

という受け止め方をすれば、あなたの心がその失敗によって受けるダメージは最小限ですむでしょう。

物事を良く受け止めるクセがつくと、人生が楽しくなってきます。そして、人生を楽しんでいる人の心はポジティブになり、やがて幸せが訪れるのです。

57 小さな目標を立てる

「何をしてもうまくいかない……」

「私ってやっぱりツイていないのかなあ」

そんなふうに、何かにチャレンジしても、挫折しやすいという人に多いのが、目標の設定が高すぎるということです。

せっかくやる気満々でチャレンジを始めても、目標が遠すぎてなかなか届かないと、途中で息切れして、モチベーションを保つことが難しくなってしまいます。

そんな人には、ゴールにたどり着くまでに、簡単にクリアできる小さな目標をいくつか立ててみることをオススメします。

例えばダイエットをするとき、

「来月までに五キロやせるぞ！　そのために、間食は一切禁止して、毎日一時間走ることにしよう！」

　という目標ではなく、まずは、

「間食はできるだけ我慢して、どうしても食べたいときは低カロリーの和菓子にしよう。仕事が早く終わった日は、ジョギングをしよう」

　というように、無理のない程度の目標を立てるのです。

　そして、その目標がクリアできたら、

「ジョギングのスピードを少し速めてみよう」

　という具合に、少しずつハードルを高めていくようにすると、進み方はゆっくりでも、ゴールまで到達しやすくなるのです。

　あなたが今、大きな目標に挑戦しているのに、結果が出なくて諦めそうになっているなら、小さな目標に立て直して、それを一つずつ達成する方法に変えてみてください。

58 伝記を読む

「私って、何をやっても中途半端。この先もいいことなんて何にもないんだろうなあ」

「友だちは結婚して子供もいるのに、私には彼氏どころか好きな人もいない。この先、どうなっちゃうんだろう」

こんなふうに、自分の将来について投げやりな気分になったときは、偉人の伝記を読んでみましょう。

偉大な功績を残した人たちも、生まれたときから恵まれていたわけではありません。

ものすごい努力をしても、なかなか結果が出ず、苦労した人もたくさんいます。

家庭環境に恵まれなかった人、健康に恵まれなかった人も少なくありません。

それでも、彼らは何かを成し遂げるために、諦めずに努力を続けました。その結果、伝記に残るような偉業を成し遂げたのです。

彼らが一分一秒を惜しんで、必死で何かに取り組む姿、そして、最終的に努力が報われた姿を知れば、あなたも自分の人生を投げやりに思うような気持ちはなくなるでしょう。

伝記とは違うのですが、「毎日がつまらない」という人は、病気になった人が書いた本を読んでみてください。

自分が「面白くない」と思って生きている一日が、どんなに貴重で幸せなものかを改めて知ることになり、生きる意味を考え直すきっかけになるでしょう。

「生きていることって、それだけで素晴らしいことなんだ」

そう思えたら、毎日への不満も小さく消えてしまうはずです。

第5章

願いが叶う
ちょっとした「行動術」

59 何の努力もせずに得られるものはない

学生時代の私たちは、よく願い事をしました。

「今度のテストで八〇点以上とれますように」

「マラソン大会で無事に完走できますように」

「第一志望の大学に受かりますように」

そして、テスト前には遅くまで勉強したり、マラソン大会の前には走り込んだり、受験のために予備校に通ったりと、願い事を叶えるために努力もしました。

そして、努力しなければ願いは叶わないということを知りました。

大人になった今も、私たちは願い事をします。

「彼氏といつまでもラブラブでいられますように」

「苦手な上司とうまくやっていけますように」

「将来に不安を感じることなく、幸せに生きていけますように」

でも、子供のころのように、願い事を叶えるために、努力する機会は減りました。

なぜなら、願い事の内容はあの頃よりずっと複雑になっていて、それを叶えるための努力の方法が、ハッキリとはわからないからです。

本当は現状を変えたいと思っているのに、

「自分一人の問題じゃないし……」

「時間が解決すると思って……」

そんなふうに言い訳をして、何の対策も努力もしていない人が多いのではないでしょうか。

この章では、夢を叶えるための具体的な方法を紹介します。

何もしないで得られるものはありません。

なりたい自分になるために、一つでも行動を起こすことが大切です。

60 自分の夢を口に出してみる

「この願いを叶えたい」

と思ったとき、大切なのが、ただ思っているだけではなく、その気持ちを言葉にするということです。

やってみたいことがあるのに、誰にも言えないというとき、その人の心の中には、

「その夢が叶わなかったときに恥ずかしいから」

「周りの人にバカにされそうだから」

というような気持ちが隠れています。

でも、そんな弱気では、夢を叶えることなどできません。

もっと気軽な気持ちでいいのです。自分の夢を、味方になってくれそうな人に

伝えてみましょう。

「私の夢は、結婚してかわいい赤ちゃんを生むことなの」

「私、ワーキングホリデーでカナダに行きたいの」

「今は派遣社員だけど、来年は正社員目指して就職活動してみようと思ってるの」

思い切って口に出すことで、あなたの夢を応援してくれる友だちや、一緒になって夢を追える仲間が見つかるかもしれません。

「え？　それなら、知り合いの会社が正社員を募集しているから、紹介しようか」

という具合に、運がよければ、あなたの夢の手伝いをしてくれる人と縁がつながるかもしれません。

夢について宣言してしまったことで、自分の中の本気度も高まります。

あなたの夢を知っている人たちから、情報も集まってくるでしょう。

61 昨日と違うことをしてみる

「私の毎日って、よくよく考えてみると同じことの繰り返し」

と感じている人はいませんか？

子供の頃、私たちは知らない場所に行ったり知らないものに触ったりすることに興味津々で、毎日のように初めての体験を重ねていました。

でも、大人になって、多くの人は保守的になります。そして、気づくと、「いつもの場所」や「いつものメンバー」から、抜け出せなくなっているのです。

もちろん、自分の好きな場所や人がいて、それを大切にすることは悪いことではありません。

ただ、そんな毎日に退屈を感じていて、自分の未来にも不安を持っているのなら、今よりもっと冒険をする必要があるといえるでしょう。

冒険といっても、海に潜ったり山に登ったりすることではありません。

ここでいう冒険とは、人生における宝探しのようなものです。

初めて入る店、初めて会う人、初めて試してみるスポーツ、初めて旅をする町、初めての苦労、初めて経験するものの見方や考え方…。

そんなふうに、いろいろな初めての経験から、今までの自分が知らなかった発見があるはずです。そして、その中には、

「こんなに夢中になれることは生まれて初めて」

と思うような趣味や、

「こんなに尊敬できる人に出会えてラッキー」

と思えるような出会いがきっとあるはずです。

「このところ行き詰っているなあ」

という人は、毎日が同じことの繰り返しになっていないか、自分を振り返ってみましょう。もしかすると今のあなたには、新鮮な体験が足りないのかもしれません。

62 なりたい自分の姿をイメージングする

ＯＬのＴ子さんの元気のもとは、雑誌の切抜きが集まったファイルを見ることです。

何の切抜きかというと、Ｔ子さんが

「こういう女性になりたいなあ」

と思う魅力的な女性たちの写真です。

Ｔ子さんは今は一般職ですが、社内の昇進試験を受けて、総合職に就くことを目指していました。そのため、ファイルには、バリバリと働いて夢を叶えているキャリアウーマンたちの写真をいっぱい集めていました。

Ｔ子さんは、少し気が弱いところがあって、上司に厳しく注意されたり、何か思うようにならないことがあると、

「私には総合職なんて無理かもしれない……」

と、夢を諦めそうになることがよくあります。

でも、そうやって落ち込んだときも、憧れのキャリアウーマンたちの写真を見ながら、将来の自分の姿を重ね合わせることで、

「やっぱり、諦めないでがんばろう。私だって、彼女たちみたいに輝けるはずだ」

とやる気が沸いてくるのです。

私たちは、目で見たものの影響を受けやすい生き物です。目から入ってくるものは、脳へのインパクトが強いからです。

頭で考えているだけでは諦めてしまうような願いも、T子さんのように目で見える姿に置きかえることで、実現の可能性が高まります。

T子さんのように、なりたい自分のイメージに近いファイルを作っておくことは、夢を追う人にとってはとても効果が高いのです。

63 プラスの言葉だけを使う

私たちが普段口にする言葉は、私たちの心の中の様子をそのまま投影しています。

つまり、プラスの言葉を使う人は、心の中も前向きなエネルギーで溢れています。その反対に、マイナスの言葉ばかり使う人は、心の中もマイナスの思いでいっぱいというわけです。

プラスの言葉というのは、言っている人も聞いている人も笑顔になるような言葉です。

具体的には、嬉しい、楽しい、キレイ、すてき、美味しい、好き、かわいい……などの言葉があるでしょう。

反対に、マイナスの言葉というのは、聞くと元気がそがれるような言葉です。

具体的には、ムカつく、ウザい、最悪、最低、嫌い、マズイ、不愉快……などが挙げられます。

今、こうしてマイナスの言葉を目にしただけでも、なんとなくイヤな気分になるものです。それほど、言葉にはエネルギーがあります。

この法則を使って、心を明るく保つことができます。

もう、おわかりでしょう。

私たちは、プラスの言葉を使えば心も明るくなり、マイナスの言葉を使えば心も暗くなるのです。

普段からできるだけプラスの言葉を多く使うことで、心にはプラスのエネルギーがたまります。そして、心をプラスのエネルギーで満たしている人は、性格まで明るくなるのです。

自分の口グセにマイナスの言葉が多いという人はいませんか?

日頃から言葉を選ぶことで、私たちは自分の人生を作り変えることができるのです。

64 グチの代わりに「大丈夫」と言う

いつもグチを言っている人は、それだけでツキを逃します。

グチにはマイナスのエネルギーがあり、グチを言えば言うほど、あなたにマイナスの出来事を引き寄せてしまうからです。

試しに今、独り言でいいので、グチをつぶやいてみてください。

あなたの気持ちはスッキリしましたか？

きっと、スッキリするどころか、暗い気持ちになった人が多いはずです。それが、グチの持つマイナスエネルギーです。

それに、いつもグチを言っていると、友だちに「あの人ってグチばっかり」と思われて、いい印象をもたれないでしょう。

今日からは、グチを言いたくなったときは、代わりに

「大丈夫、大丈夫」

と言いましょう。

「大丈夫」という言葉を言ったところで、問題が解決するわけではありません。でも、「大丈夫」という言葉は、プラスのエネルギーに満ちています。そのため、イライラしたときや落ち込んだときも、「大丈夫」と言うことで、気持ちを落ち着けることができるのです。

それと同時に、心の中にもプラスのエネルギーがたまるので、プラスの出来事を呼び寄せることもできます。

「課長って最低、もうあんなやつ辞めちゃえばいいのに……」

の代わりに、

「大丈夫、大丈夫。私は課長とうまくやっていけるはず」

とつぶやくことで、あなたの心の状態はマイナスからプラスへと変わります。

65 時間に余裕をもって行動する

何か夢を叶えようとするとき、一人の力ではなかなかできないものです。その道に詳しい人に話を聞いたり、力を借りたりする機会が、きっとたくさんあるでしょう。

協力してくれる人が初対面の場合は、とくにドキドキするものです。

初めて会う相手の前で、緊張のあまり言いたいことが言えなかったとか、なんとなく浮ついた気分になって、相手に誤解されてしまったという経験は、誰にでもあるのではないでしょうか。

そんな失敗を防ぐために効果的な方法があります。

それが、待ち合わせ時間より早く約束の場所に着いて、相手との会話の流れをあらかじめ練習しておくということです。

たった一五分でもいいのです。早めにその場所に着いて、当日の流れをシュミレーションしておくと、そのあとの落ち着き具合が格段に違ってきます。

最悪なのは、「間に合わなかったらどうしよう」と思いながら、ギリギリに約束の場所にすべり込むケースです。

初対面でいきなり遅刻して、自己紹介をする前から、「どうもすみません」というようなケースは、問題外といえるでしょう。

「私は遅刻の常習犯なんです」

という人は、人付き合いで、確実に損をしています。

相手から、「ルーズな人だな」と思われるだけでなく、自分自身が、相手に引け目を感じて会わなければいけないからです。

「どうも朝が弱くて」なんて言い訳は、そろそろ終わりにしましょう。

「私は約束の時間に遅れない人になる」

その決意は、あなたの人としての魅力をアップさせてくれるでしょう。

66 うまくいっている人のマネをする

「自分なりにがんばっているのに、どうもうまくいかないなあ」

というときは、うまくいっている人のマネをしてみるのがオススメです。

そのやり方で、願いを叶えた女性がいます。二十六才の派遣社員のJ子さんです。

「私は人付き合いが苦手で、周りに苦手な人がたくさんいたんです。でも、社会人としてそれではいけないと思って、仕事ができる上に、いつも笑顔で人気者の先輩のマネをしてみることにしました。

その先輩を観察していたら、疲れている人や落ち込んでいる人がいたらさりげなく声をかけて励ましたり、忙しい人がいたら一緒に残業したりして、社内の困っている人を見つけてサポートするのが上手だということに気づきました。彼女は自分の仕事をすすめるときも、上司にマメに相談をして、相手を立てているように見えました。

それで、私もマネをしてみたんです。最初は簡単ではなかったけれど、先輩のマネを続けるうち、会社の中の嫌いな人が減っていきました。

私が相手に親切にすることで、相手の態度も変わって、それまで苦手だった人のいい面が見えるようになったからです。

先輩のマネをすることで、自分が目指している自分に近づけたような気がします。最初はそんな単純な方法に効果があるのかどうか、半信半疑だったのですが、試してみてよかったです」

「人のマネなんて、自分のプライドが許さない」

「私は私のやり方を貫くわ」

なんて意地を張っていても、何も変わりません。

素直な気持ちで、人から学ぶ姿勢が自分を成長させるのです。

67 短時間で自分をアピールする

初対面の人と話すのが苦手という人が意外と多いものです。

「せっかく人脈を増やそうと思ってパーティーに参加したのに、うまく話せなくて、自己嫌悪です……」

そんな人にオススメなのが、短時間で自分を紹介できる短い文章を用意しておくということです。

例えば、かけだしのイラストレーターのS子さんは、初対面の相手に自分から話しかけるとき、

「はじめまして。お名刺を交換させていただいてもいいですか？」

と言って声をかけて、次のような自己紹介をするそうです。

「イラストレーターの田中S子といいます。これまで雑誌の仕事を何度かさせて

いただいたことがあるんですが、これからは書籍にもチャレンジしていきたいと思って、勉強中です。まだまだ駆け出しなので、業界のこととか、いろいろ教えていただければ嬉しいです」

S子さんによれば、自己紹介について内容を決める前は、名前を言っただけで、全然関係のない話題に話がそれてしまうことが多かったそうです。それが、自分の目標を組み込んだ自己紹介をするようになったら、人を紹介してもらえたり、仕事のチャンスが舞い込んだりすることが増えたそうです。

それに、同じような夢を持つ友だちも増えたといいます。

自己紹介のときは、名前や職業だけでなく、自分の夢や好きなことも一緒に紹介すると、出会いの場への苦手意識が減る上に、自分の探していた人脈に出会える可能性が高まります。

68

誘われたら出かけてみる

幸せそうな人の共通点の一つに、フットワークが軽いということがあります。

「出かけるのは面倒くさいから家にいる」

「人に会うと疲れるから、私は行かない」

彼女たちにとって、そんな選択肢はありえません。

いつも幸せそうな編集者のＦ子さんが、こんなことを言っていました。

「私の場合、誘われた用事には、できるだけ行くようにしています。もちろん、用事がある場合や、まったく興味がわかない場合は別です。

でも、お世話になった人や仲の良い人に声をかけてもらった場合などは、その人たちへの恩返しの気持ちも込めて、喜んで『行きます』と答えるようにしています。

とくに、イラストレーターの友人から、『展覧会を開くから来てほしい』と言われたり、ライターの友人から、『出版記念パーティーに来てほしい』と言われたりしたときは、応援の気持ちを込めて参加します。

本当は、忙しいときなど、面倒だな、と思うこともありますよ。でも、せっかく行くんだから楽しんでこよう、と気持ちを切り替えて出かけるんです。

すると、出かけた先で自分の探していた情報が聞けたり、知り合いたかったタイプの人と出会えたりすることもよくあるんですよ。この間なんて、パーティで出会った人から、仕事で悩んでいたことについてアドバイスをもらえて、神様が私を導いてくれているのかなあと思ったほどです」

出不精は、あなたの人生を狭くします。

出かけた先で、思いがけないチャンスがあなたを待ち受けているかもしれないのです。

69 先延ばしをする前に手をつけてみる

「まあ、この用事は急がないから、あとでやればいいや」

そうやって生活の中で何かを先延ばしにすることが、よくあります。

「ちょっと今、仕事が立て込んでいるから」

「気分が乗らないから」

「疲れているから」

なんて言っていたら、アッという間に一週間が経ち、二週間が経ってしまい、やる気までなくなってしまったという経験は、誰にでもあるでしょう。

でも、そうやって行動することを先延ばしにしていては、いつまでたっても願いを現実にすることはできません。

「そんなのわかってるよ。でも、本当に時間がなくてできないんだ」

という人がいたら、これからはせめて、「手をつけてみる」ことはしてみてください。

例えば、五〇枚の書類を書く必要があるなら、一枚だけやってみるのです。たった一枚でも、やるとやらないとでは、大違いです。

少しでもやってみると、その仕事がどのくらいの難しさで、どのくらいの日数がかかりそうかということがわかるからです。

そして、少し手をつけたことで、心の中には「あの件はやりかけ」という気持ちが残るため、「早く終えてしまおう」という気にもなりやすいのです。

「面倒臭いから、あとまわしにしよう」

という気持ちになったときは、

「うーん、面倒だけど最初のページだけは手をつけておこうかな」

と頭を切り替えましょう。

それができるようになると、いつまでもズルズルと先延ばしにするクセも治っていくと思います。

70 メールや手紙の返事はすぐに出す

前の項目で、「すぐにやる」ことの大切さを述べました。

その中でも、簡単にできて効果が実感できるのが、メールや手紙の返事をすぐに出すことです。

相手からの連絡を受けて、すぐにメールを返信したり、電話をかけたりすれば、「ＯＫ。詳しくは当日に」とか、「了解です。よろしくお願いします」ですむような内容でも、しばらく放っておくと、どんどん面倒が増えてきます。

ある程度の日数が経つと、

「お返事が遅れてすみません。例の件が立て込んでいてバタバタしていまして」などと、返事が遅れた言い訳や、お詫びの言葉も書き添えなければならなくなります。その文脈を考えるだけでも結構手間がかかるものです。

それに、返事が遅れたことで、「だらしのない人だって思われちゃったかなあ」なんて不安を感じることにもつながるでしょう。

面白いことに、多くの人は一度先延ばしにすると、どんどん先延ばしにしていく傾向があるのです。

ですから、最初が肝心なのです。

「明日やればいいや」と思ったところで、「あ、やっぱり今やっちゃおう」と思い直すことが大切です。

メールや手紙の返事はその場で書いて出してしまうことです。

シンプルですが、あなたの毎日からストレスを減らし、仕事の能率を上げるために大きな効果を発揮すると思います。

71 思いついたことのメモを取る

夢を叶えている人の多くは、頭のピンと浮かんだアイデアを、メモに残して活用することが上手です。

例えば、三十才という若さで、エステの会社を起こしたN子さんという女性は、いつもメモ帳を持ち歩いていて、仕事に関係するアイデアが浮かぶと、それを書き留めては経営に生かしているそうです。

「メモを使っていなかった頃は、電車の中でアイデアが浮かんだのに、会社に戻ると忘れている、ということがよくありました。今思うと、そのときに忘れたアイデアの中にも良いものがあったかもしれないな、ともったいない気持ちです。

私がメモを使うようになったのは、尊敬する女社長の先輩からメモをすすめられたからです。机の前に座ってウンウンと考えるより、町を歩いているときなどのほうが、リラックスしているせいか、いい考えが浮かぶんですよ。

仕事に限らず、主人とケンカした翌日は、仲直りの言葉を考えてメモしたり、友だちと買い物に行く前の日は、行きたい店や買いたいものを書き留めたりもします。

メモしたことを全部使うわけではありませんが、メモがあって助かったという場面は数え切れません。まだ使っていない人には、ぜひオススメしたいです」

とN子さんは言っています。

メモは、私たちの心にポッと浮かんだアイデアや気持ちを、きちんと記録してくれる素晴らしい存在です。

メモを活用することで、自分の行動に無駄がなくなり、目指す方向へ短時間で向かうことが可能になるのです。

72 とにかく二十一日間続けてみる

これまでに紹介してきたことを実際に行ってみると、少しずつ自信が沸いてくるはずです。

そして、自信が沸いてくると、次にチャレンジすることが怖くなくなります。

そのため、どんどんチャレンジして、自信をつけることができるようになります。

ポイントは、その転換期にいかに、ふんばることができるか、ということです。

私たちは、「いつもやっていること」をこれからもやろうとする本能がありま す。それが、「習慣」というものです。

例えば、「早起きしよう」と心に決めても、なかなか起きられないで、結局、いつもと同じ時刻まで眠ってしまう、というのが人間の習慣です。

習慣を変えることは、確かに簡単ではありません。誰だって、いつもと同じことをした方が安心だし、楽だからです。

でも、この「習慣」は、二十一日間がんばって続けると、変えることができるといいます。

その二十一日間を乗り切るために重要なのが、自分で自分を励ます努力です。

「がんばれ私。私ならできる」

「大丈夫。きっとうまくいくから」

誰も応援してくれなくても、自分で自分を信じることができれば、その力は一〇〇人力です。

何かに挑戦して諦めそうになったときは、「とにかく二十一日間は続けること」を目標にしてみてください。そこさえ乗り切れれば、あとは自然と続けられると思います。

第6章　ツキを呼ぶ対人関係のコツ

73

価値観の合わない人はいて当然と考える

私は心理カウンセラーとして長い間、たくさんの人の相談を受けてきました。

その中でダントツに多いのが、人付きあいに関する悩みです。

年齢や職種に関係なく、多くの人が、

「嫌いな人がいて、会社に行くのが苦痛です」

「周りの人とうまくなじめません」

「一緒にランチを食べている同僚たちと話が合わないんです」

そんな悩みを抱え、胃を痛くしています。

そういう意味で、毎日をハッピーに生きるためには、人間関係の悩みを解決できる自分になることは不可欠といえるでしょう。

そして、世の中には色々な価値観を持った人がいます。あなたの周りに、自分と合わない人がいることは、考えてみれば当たり前のことなのです。

当たり前のことで「どうしよう……」なんて、悩むことはありません。

「いろいろな人がいて、当たり前なんだ」

「全員と話が合わなくても、仕方ないんだ」

まずはそう割り切ることで、苦手な人が出てきたときに、ショックを受けることがなくなります。

それにしても、幸せに生きている人たちは、例外なく人付き合いが上手です。

彼女たちにだって、苦手な人はいるはずなのに、悪口やグチを言うことはないのは、なぜでしょうか？

この章では、人間関係の悩みをなくすための考え方や行動を紹介します。

ちょっとしたことですが、続けるうちにあなたの毎日に大きな変化を起こしてくれるでしょう。

74

出会った瞬間に相手の魅力を探す

自分の人生に不満を抱きがちな人の共通点の一つに、他人の悪いところが目に入りやすいということがあります。

「新しい上司は指示が細かくてイライラする」

「彼氏が欲しいけど、周りにはろくな男がいない」

「会社の同僚たちと話していても、ちっとも面白くない」

そんなふうに、人の悪口を言うこともよくあります。

これに対し、幸せな人たちというのは、他人に文句を言ったり、不満を並べたりすることがありません。

「私は人との出会いに恵まれています」

といって、ニコニコしているのです。

別に、彼女たちが本当にいい人ばかりに会っているわけではありません。それなのに彼女たちは、誰のことも悪く思ったり、憎んだり、腹を立てたりすることがないのです。

その理由は、幸せな人たちは、相手の良いところを探すのが上手だからです。

世の中には完璧な人などいませんから、誰にでも、長所と短所があります

幸せな人というのは、その人の短所が目に入る前に、相手の長所を見つけてしまいます。そして、相手に好意を抱きます。

誰でも、自分に好意を持たれれば悪い気はしません。ですから、そういう人たちは多くの人から好かれます。

とはいえ、今、嫌いな人をすぐに好きになるのは難しいものです。

最初のうちは、初対面の相手について、出会ってすぐに三つ良いところを探すクセをつけましょう。それだけで、嫌いな人が減って、あなたのストレスが減るでしょう。

75

「話し上手」より「聞き上手」を目指す

人付き合いが苦手という人に、その理由を聞くと、

「何を話していいかわからない」

「会話が盛り上がらないと緊張する」

ということをよく言います。

そういう人に、ぜひ試してほしいことがあります。

それは、人と会うときは、「自分が何か話さなくちゃ」と思う気持ちを捨てるということです。その代わりに、相手の話を盛り上げることに集中してみてください。

「自分が話さなきゃ」という気持ちを持っていると、相手がおしゃべりな人だった場合、

「この人、自分のことばかり話して、つまらないなあ」

と思ってしまうものです。

でも、最初から「相手の話を盛り上げよう」という気持ちでいれば、おしゃべりな相手の話も楽しく聞けるはずです。

「それはよかったねえ」

「それで次はどうなったの？」

というふうに、相手に共感する言葉や、相手の会話を引き出す言葉をとくに多く使うことで、相手はいい気分で会話を続けてくれます。

そして、自分の話を楽しそうに聞いてくれるあなたに好感を持つようになるでしょう。

人付き合いの基本は、相手に主役を譲るということです。長い目で見れば、それが自分自身のためになります。

気の利いたことが言えなくても、楽しい話題が用意できなくても、相手の話を上手に聞くことができれば、人付き合いの達人になることができるのです。

76 会う前に相手の情報を調べておく

初めての人と会うことが苦痛という人は多いものです。彼女たちに何がイヤなのかを聞いてみると、

「共通の話題が見つからなくて、しらけてしまったらどうしよう」

「自分とはまったくタイプの違う相手だったら困る」

というような不安がストレスになるので、知らない人とは会いたくない、と答えます。

でも、よくよく考えてみると、それらの不安は、「相手のことをよく知らない」から起きる不安です。

どんな相手でも、事前に「どんな人なのか」の情報を仕入れて、自分との共通点や興味のある点を調べておくことで、ある程度はリラックスして会うことがで

きるようになるでしょう。

例えば、新しい取引先の担当者に会うとき、相手の出身県や出身大学を知っておくだけでも、共通の話題は格段に見つかりやすくなるはずです。

「鈴木さんは京都のご出身だそうですね。私も学生時代は京都で過ごしたんですよ」

「渡辺さんはA大学をご卒業なんですね。私の知人もA大学の出身なんです」

そんな一言が、緊張した空気を一気にやわらかくしてくれるかもしれません。

私たちは、初対面の人とまったく会わないで人生を進んでいくことはできません。

「今度会う人が、苦手なタイプだったらどうしよう……」

と不安になったときは、相手についての情報を知ることで、ストレスを減らし、心の準備を整えることができるでしょう。

77 催促することをやめる

「彼氏ったら、さっき送ったメール、まだ読んでないのかしら？　返事が遅いから、もう一回メールしよう」

「T子ちゃんに留守電のメッセージを残したのに、折り返しの電話がかかってこないなあ。もう一度、電話しようかな」

あなたがせっかちな人なら、そんなふうに、恋人や友だちの返事を待ちきれず、何度も連絡したり、返事を催促したりすることがあるかもしれません。

でも、これは催促される立場から見ると、あまり気持ちのいいことではありません。

「忙しいから返事ができないのに、催促してくるなんて気がきかない」

「こっちは気が乗らないから返事をしないでいるのに、催促してくるなんて、なんだかずうずうしい人」

「私から連絡するって言ったのに、私の言ったことを信用できないのかしら？」

なんて思われてしまうこともあるでしょう。

メールやケータイのメッセージを残したとき、相手がすぐに返事ができる状況にあるとは限りません。

「私はすぐに返事をするのに」

というのも、あなたの勝手な都合です。

自分がそうだから、相手もそうするとは限らないのです。

とくに急がない用事の場合、相手からの返事は、

「時間があるときにくれたら嬉しいな」

くらいの気持ちでいるのが丁度いいでしょう。

ただし、仕事や、期日の迫ったケースなどは、別の話です。

78 あいさつにプラスアルファを付ける

「友だちを作るのが苦手なんです」

「誰とでもすぐ親しくなれる子がうらやましい」

そんな相談を受けることがよくあります。

そんな人にアドバイスするのは、まずは自分からあいさつをすること。そして、あいさつができるようになったら、それにプラス一言を付け加えてみることから始めてみるということです。

シャイな人たちは、

「あ～あ、明日目が覚めたら、人なつっこくて、誰とでも自然と話せるような女の子になりたい」

なんて夢を見るものですが、実際はそんなことは不可能です。性格は、一晩寝たくらいでは変わらないからです。

　でも、「あいさつをする」とか、「あいさつができるようになったら、プラス一言を付け加える」とか、小さな目標を立てて、クリアしていくことならできるものです。

　そして、そんな小さな目標を乗り越えるうちに、なりたい自分に近づくことができるのです。

　あいさつに添える一言は、最初は天気の話などが無難でしょう。

「おはようございます。昨日の雪はビックリしましたね。電車は大丈夫でした?」

という感じなら、あまり親しくない相手でも不自然にはなりません。

　なれてきたら、

「お疲れ様でした。今日の佐藤さんの会議の発言、とてもよかったです」

というように、ほめ言葉を添えるようにすると、相手と距離を縮めていけるでしょう。

79 相手のニーズに応える

誰からも好かれる人気者のE子さんという女性がいます。E子さんは小さな広告代理店で働いているのですが、彼女のことを悪く言う人はいません。E子さん自身も、大勢の仲間たちに囲まれて、いつもニコニコと楽しそうでした。

E子さんはどうして、人気があるのでしょう。

実は、E子さんは人のニーズに答えることが大好きなのです。

「誰か、いい歯医者さんを知らないかなあ」

と言っている人がいたら、すぐに評判の歯医者さんの電話番号を調べて伝えます。

「引越しをするのに手伝ってくれる人が足りないんだ」

と困っている人がいたら、すすんで手伝いに行きます。

カメラマンの友人が展覧会を開いて、

「来てくれる人が少ないの」

と落ち込んでいたときは、五人も友だちを連れて行きました。

このように、誰かが「こうして欲しい」と思っている場面で、力を貸してあげることが得意なのです。

「よかったら手伝おうか」

「お礼は気にしないでね」

という感じで、力を貸してくれるのに、押し付けがましくない点も魅力でした。

E子さんは、

「私だって、何でもかんでもやってあげるわけではないんですよ。自分のストレスになったら意味がないですから。でも、何かお手伝いしてあげて、『ありがとう』って言われるのが好きなんですよね」

そう言って、笑っていました。

80 人の意見に素直に従ってみる

最近、急に明るく魅力的になったC子さんという女性がいます。

C子さんはメーカーに勤める二十九才のOLです。それまでは、人間関係の悩みが多く、あまり友だちもいない様子だったのに、いつ頃からか、遊びの誘いがたくさん舞い込むような人気者になっていました。

「今週末は、土曜日が女友だちとショッピングに行って、日曜日はデートなんですよ」

そう嬉しそうに話すC子さんに、

「以前は人付き合いが苦手で悩んでいたのに、今はとても楽しそうでよかったですね」

と言うと、こんな返事が返ってきました。

「以前の私は、みんなが私をバカにしているような気がして、人から何か言われるとすぐに、『でも』と反論していたんです。反論することで、自分の知性とか、存在感をアピールしようとしていました。

でも、あるときから、『でも』と言いたくなってもグッと我慢して、相手の意見を素直に聞いてみることにしたんです。

すると、周りの人たちの態度が変わり始めました。みんな、『C子さんって〝攻撃的〟な人って思っていたけど、本当は優しい人だったんだね』と言ってくれました。

相手が変わることに期待せず、自分が素直になることで、人間関係がラクになりました」

自分が変わるとすべてが変わるのです。

81

「NO」と言うことへの罪悪感を捨てる

自分に自信がない人というのは、人から何かを頼まれたとき、断ることが苦手です。

自分のできる範囲で、頼まれごとに応じることは、とてもよいことです。でも、ものごとには限界があります。すべての頼まれごとを引き受けていたら、自分の時間がなくなってしまいますし、そのことでストレスだってたまるでしょう。

そこで大切なのが、どこまで「ＯＫ」で、どこから断るかの線引きをハッキリさせておくことです。

例えば、人助けをしたり、興味のあるイベントへの誘いに応じたりするのはＯＫだけれど、他人の尻拭いを頼まれたり、まったく興味のない催しに誘われたときは断ると決める、という具合です。

これからは、

「無理だな」と思うときは、正直に、

「申し訳ありませんが、その日は約束がありまして……」・

「すみません。今日は用事があるので帰らせてください。この埋め合わせは今度しますので……」

と言って、きちんと自分の事情を伝えましょう。

人生の時間には限りがあります。限りある時間をどう使うかは、あなた自身に選ぶ権利があるのです。

自分の取るべき責任の範囲と、相手の取るべき責任の範囲を明確にすることは、生活の中からストレスを取り除いてくれます。

そして、自分は大切なところで妥協しなかったということが、自分自信を信じられるようにしてくれるのです。

82

自分の希望をきちんと伝える

自分に自信がない人は、人間関係で余計なストレスを抱えてしまいがちです。

なぜなら、自信がないと、相手のことばかりに気持が向き過ぎてしまうからです。

あなたも、身に覚えがあるのではないでしょうか。

「私がこう言ったら、相手は何て思うかな」

「相手に嫌われないようにしなくては」

「この人に好かれるには、どうしたらいいのだろう」

そうやって、相手のことばかり考えていると、人に会うたびにドッと疲れてしまいます。

でも、相手のことばかり考えていると、一番大切な、自分の気持ちや、本当の目的がわからなくなってしまいます。

必要以上に遠慮すれば、かえって、

「あの人は遠慮しすぎて付き合いにくい」

「何を考えているのかわからない」

と思われてしまうかもしれません。

自分を好きになるためには、自分の心に正直に行動することが大切です。そのためには、自分の感情や感覚、思っていることなどを素直に言葉にして伝えることが不可欠といえます。

相手と意見が違ったら、おだやかに話し合って解決すればいいのです。

「言わなければならないときに言えなかった」ことが、自分への信頼感をなくさせ、自信を失わせます。

「私はAという映画が観たいなあ」

「私は中華料理が食べたいなあ」

そうやって、ケンカにならない程度に、自分の希望をきちんと伝えるクセをつけましょう。

83 自分の常識を他人にあてはめない

いつも何かに腹を立てている女性がいました。S子さんという三十才の女性です。S子さんはあるとき、友だちのA子さんにこんなグチを言いました。

「この間、B子さんが家にきてトイレを貸したの。それで、次に入ったら、便座のふたが開けっ放しだったのよ。常識のない人だとあきれちゃったわ」

でも、B子さんは気がやさしくて、悪口を言われるようなタイプではないのです。

誰かを裏切ったり、傷つけたりしたわけでもないのに、こんなふうに悪口を言うのはどうかと思ったA子さんは、少し皮肉の意味も込めて、

「私もトイレの便座のふたを開けっ放しにすることがよくあるよ」

とS子さんに言いました。

すると、S子さんは驚いた様子でこう答えました。

「え? 私、トイレのふたを閉めることって、世の中の常識だと思っていたんだけど、違うの?」

私たちはつい、無意識に決めている自分の常識を、他人にもあてはめようとします。そして、自分にとっての常識を守れない人がいると、ストレスを感じるものです。

でも、このS子さんのように、自分の常識が他人の常識であるとは限りません。もしかすると、自分の常識が世間の非常識であることだってあるでしょう。

ですから、人付き合いでは、

「自分はこうするけど、他人はそうとは限らない」

という気持ちをいつも持っていることが大切です。

それだけで、ストレスを感じる場面が格段に減ることになります。

84

「欠点があって当たり前」と考える

私たちがイライラしたり、怒ったりするときは、たいていの場合、誰か自分以外の人の言葉や態度が原因です。

人間は誰だって、自分が正しくて、周りの人は間違っていると思うものです。

「何度言っても約束の時間に遅れてくる彼氏のルーズさに腹がたつ」

「何かにつけて私をライバル視する同僚のY子がムカつく」

「グズの課長が私よりずっと高い給料をもらっていると思うと、やりきれない」

そんな不満を抱えながら毎日を過ごしている人も多いでしょう。

でも、いくら一人でイライラしても、次に会ったときに、相手が自分の思い通りの人間に変身していたなんてことはありえません。

ですから、相手が変わることを期待しているうちは、ストレスから開放されることがないのです。

それに対して、人間関係のストレスをためにくい人というのは、他人が変わることを期待しません。

「私が完璧でないように、他人にも欠点がある。世の中にはいろんな人がいて当たり前」

そう考えているので、相手が自分の思い通りに動かなくても、「まあ、仕方ないよね」と受け流すことができるのです。

もちろん、それが何度も続いて「もう付き合えないな」と思えば、距離を置くこともあるでしょう。でも、そのことでいちいちストレスをためたり、相手に怒ったりすることはありません。

「付き合いを続けるなら、相手の欠点も受けいれる。それができなければ、相手と距離を置く」

そんなシンプルなルールが、人付き合いを楽にしてくれます。

85

親しくなるまでに観察期間を作る

よく、スピード結婚をした芸能人などが、

「出会った瞬間にビビビと来て、運命の人だと感じました」

と言っているのを聞きます。

でも、面白いことに、そうやって超特急で結ばれた二人が、ずっと仲良く暮らせるかというと、そうでもないようです。

「この人しかいない」と思って結婚したはずなのに、いつの間にか心が離れて、別れてしまうことが珍しくないのは、週刊紙やワイドショーで報じられているとおりです。

これは、男女の関係に限ったことではありません。

女どうしの友情でも、相手のことをよく知らないまま、急接近した相手とは、最初はうまくいっても、段々と心が離れてしまうことがよくあります。

そして、すごく仲がよかった分、どう距離をとっていいかわからず相手の存在をストレスに感じたり、小さなきっかけで大ゲンカに発展したりして、最後に、「こんな人だと思わなかった」と言って絶交状態になってしまいます。

そして、相手と仲たがいしている間のストレスは、かなり大きくなるのが普通です。

こういう事態を避けるためには、出会ったときに、「気が合いそう」とか、「仲良くなりたい」と思ったとしても、ある程度相手の内面がわかるまでは、一定の距離を置いておくことが大切です。

例えば、一緒に旅行には行かないとか、家では会わないとか、そういう一線を引いておくことで、「やっぱり気が合わないなあ」と思ったとき、お互いに傷つかないで距離を置くことができるからです。

大人の人間関係のルールとして覚えておくとよいでしょう。

86

見返りを期待しない

いつもグチを言っている人の話を聞いていると、よくこんな言葉が出てきます。

「あの子ったら、私はあんなに面倒を見てあげたのに、向こうはちっともありがたく思ってないんだから。ムカつくー」

「私はこんなに尽くしたのに、彼氏は私を裏切ってばかりいる。ひどすぎると思わない？」

このように、「私は○○してあげたのに、相手は○○してくれない」と考える人は、人間関係でストレスがたまりがちです。

なぜなら、人の気持ちというのは、すれ違うことが多いからです。

例えば、「お腹がすいたなー」と言っている人に、「忙しいけど、かわいそうだから何か作ってあげよう」と思って料理を作ってあげても、相手がありがたく思うとは限りません。

作ってもらったほうは、

「あーあ、あとで大好きなラーメンを食べようと思っていたのに。でも、わざわざ作ってくれたから、食べなくちゃ悪いなー」

と思って、仕方なく食べているかもしれないのです。

このようなすれ違いを、いちいち自分のストレスにしていると、人生は面白くなくなってしまいます。

ですから、人に何かしてあげるときは、

「相手に感謝されなかったとしても平気。自分が好きでやってるんだから」

というような、ある種の割り切りを持つことが大切です。

他人がしてくれることはすべてボーナスと考えるくらいでちょうどいいのです。

第7章　運のいい人の日常の習慣

87 一度きりの人生のために今日できること

私たちの人生は、たった一度きりです。

でも、たった一度の人生は、毎日の積み重ねからできています。

ですから、毎日の行動の仕方を変えることで、人生は少しずつ、形を変えていくことになります。

あなたも自分の人生をステップアップさせたいなら、毎日の行動の中に変化を起こす必要があります。

仕事のときだけかんばったり、デートのときだけかんばったりしても、その中心にいるあなたが変わらなければ、あなたの人生に変化は訪れません。

とはいえ、人間不慣れなことが嫌いな動物なので、習慣を変えることはなかなか簡単ではありません。

いつもやっていることをする方が楽だし、失敗のリスクもありません。

でも、そのやり方が間違っているなら、別の方法に直す必要があるのです。

その覚悟を持ちましょう。

どうせなら、死ぬときには
「また同じ人生を送りたい」

と思うような、悔いのない毎日を送りたいものです。

そのために今日、できることはなんでしょうか？

この章では、あなたの人生を幸せな方向へ進めていくための、日常生活での注意点について紹介していきます。

毎日の積み重ねが人生を作ります。人生は、自分の手で築いていけるものなのです。

88 「ありがとう」を多く使う

たくさんの言葉の中でも、とくにプラスのパワーが強いのが、「ありがとう」という言葉です。

生活の中で「ありがとう」という言葉を多く使う人ほど、心にプラスのエネルギーがたまり、ハッピーになれるのです。

「でも、『ありがとう』という言葉は、人から親切にしてもらわなければ、言う機会がないじゃない。私の周りの人は、そんなに優しい人ばかりじゃないわよ」と思った人もいるかもしれません。

そういう人は、「ありがとう」というのは、人からなにかをしてもらったときに使う言葉、という考えを捨ててしまいましょう。

探してみれば、感謝できる対象は私たちの身の回りに溢れています。「洗濯物がよく乾いて気持ちがいいなあ。太陽さんありがとう」

「毎朝、時間通りに来てくれるバスって、ありがたいなあ」

そんなふうに、「ありがとう」をいうチャンスは、意外と多くあるものです。

ほかにも、厳しい上司に対して、

「いつも私を叱ってくれてありがとうございます。おかげで精神的に強くなれました」

と考えたり、嫌いな先輩に、

「いつも嫌味を言ってくれてありがとう。人生の反面教師にさせてもらいますね」

と思うこともできるでしょう。

そうやって、あらゆることに感謝できるようになると、人生が確実に変わってきます。

89 その日の疲れはその日に癒す

毎日をハッピーに過ごすためには、その日の疲れを翌日に持ち越さないということがとても大切です。

私たちは、体調が悪いとつい、気持ちまで暗くなりがちです。

あなたも、カゼをひいて高熱を出して寝込んでいるとき、

「このまま一人で死んじゃったらどうしよう」

「私がいなくても世の中の誰も困らないよなあ」

なんて、ネガティブなことを考えた経験があるでしょう。

それは、体力が落ちると気持ちまで沈んでしまうからです。

ですから、落ち込みやすい人はとくに、いつも体調を整えて、その日の疲れはその日のうちに癒すことを心がけましょう。

「どんなに疲れて帰ってきても、私にはコレがあるから大丈夫」といえるようなものがあれば、理想的です。

例えば、デザイナーのF子さんは、毎晩寝る前に、アロマテラピーでリラックスしているそうです。

「私は仕事がら生活が不規則で、しょっちゅう体調を崩していました。でも、体調を崩すと周りにも迷惑をかけるし、ますます自己嫌悪になっちゃうんですよね。アロマテラピーは人からすすめられて始めたんですが、その日の疲れやストレスをリセットするのにとても効果的です。体調がよくなるので気持ちも上向きになりました。

前の日の疲れとかストレスって、意識しないでいるとどんどんたまっていくので、自分自身で癒すことが大切だと思います」

アロマテラピーに限らず、ストレッチや半身浴なども、癒し効果が高いようです。

90 少しだけ丁寧な言葉を使う

人間関係はなかなか難しいものです。

距離を取りすぎると「とっつきにくい」とか「気取っている」と言われるし、近づきすぎると「なれなれしい」とか「ずうずうしい」と言われてしまいます。

それに対し、「人付き合いのうまい人」は、相手との距離の取り方が絶妙です。「話しやすい人」とか「付き合いやすい人」というのは、周囲の人がちょうどいいくらいの距離で付き合っている人なのです。

それにしても、どんな点に気をつければ、相手とのちょうどいい距離を保てるのでしょうか?

多くの人から好かれていて、人付き合いの達人に見えるN子さんというセールスレディーに、その秘訣を聞いてみたところ、こんな答えが返ってきました。

「そうですね。ポイントは言葉遣いだと思います。私の場合、最初のうちは少し丁寧すぎるかなと思う言葉で、話しかけます。

相手が庶民的に見える人だからといって、なれなれしい言葉は使いません。中身まで庶民的とは限りませんし、一度、悪い印象をもたれると取り戻すことが難しいんです。

相手の人柄がわかってきたら、言葉遣いも徐々に変えていきますが、それでも学生時代のように、フランクな言葉は使いませんね。

丁寧な言葉は、相手に自分の敬意を伝える効果があるんです。誰でも自分を丁寧に扱ってくれる相手に、イヤな印象は持ちませんよね」

N子さんは、いつも笑顔で明るい性格なのも特徴です。親しみやすく気さくな性質でいながら、丁寧な言葉を使うことが、人気の秘訣といえるでしょう。

91 部屋に花や観葉植物を飾る

あなたの部屋には花や観葉植物がありますか?

もしも、まったくないというなら、ぜひ飾ることをオススメします。

なぜなら、植物には、そこにあるだけで私たちをリラックスさせる効果があるからです。

見た目がキレイだからという意味もありますが、一説によれば、植物は部屋の中にある悪いエネルギーのようなものを吸収するとも言われています。

公園や花畑など、植物に囲まれた場所に行くと、ホッとしたような気持ちになった経験は、あなたにもあるでしょう。

それが、植物の持つプラスのパワーです。

花も観葉植物も、水を変えたり、葉を拭いたりと、育てるのに多少の手間がかかります。

あなたはそれを、「面倒くさいなあ」と思うかもしれません。それは、今のあなたの心に余裕がないからです。

でも、最初のうち、「面倒だなあ」と思っても、がんばって世話を続けるうちに、「キレイだなあ」と思ったり、「あんなに小さかった葉がもう大きくなっている」という感動を得られるようになったりします。

面白くなくても、毎日世話を続けるうちに、あなたの心にはゆとりが生まれるからです。

つまり、花や植物を育てることは、自分の心のゆとりを育てることでもあるのです。

別に、庭やベランダで何はちも育てる必要はありません。

いつも目に付く場所に、小さな植物がある。

それだけで、私たちの心からマイナスのエネルギーが減っていきます。

92 背筋を伸ばして姿勢美人になる

誰の力も借りずに、一瞬で自分の気持ちを明るくできる方法があります。それが、背筋を伸ばして姿勢をよくするということです。

私たちは泣くとき、前かがみになっています。ピシッと背筋を伸ばしながら泣いたり、ふんぞり返って泣く人はいません。

つまり、人間には悲しいときは前かがみになるというクセがあるのです。

逆に、私たちは背筋を伸ばしていると、なんとなく堂々とした気持ちになります。

背筋が伸びているときに、暗いことを考えにくいのが、人間なのです。

あなたがもし、「自分は悲観的なタイプかもしれない」、と思うなら、今日から意識して、背筋を伸ばしながら生活してみましょう。

具体的には、頭の上からヒモで釣られているような気持ちで、肩甲骨を後ろに引っ込めて、胸を開くような感じにすると、自然な感じで正しい姿勢をキープできるでしょう。

やってみると、視線がいつもより高くなる上に、新鮮な空気がたくさん胸に入ってくるような気がするでしょう。内臓が正しい位置に戻るために、肌の調子がよくなる人も多いようです。

そして何よりも、姿勢を正しくして過ごすことは、自分自身が気持ちいいはずです。

ウェブプログラマーのY子さんは、

「仕事でパソコンに張り付いているせいか、猫背気味だったんですが、背筋を伸ばすことを意識しだしてから、体調も気分も上々になりました」

と、元気な声で言っていました。

最近は、美しい歩き方や立ち方を勉強するためのスクールや、専門の本も売っていますので、参考にしてみるといいでしょう。

93 ときには自分へのご褒美を買う

「残業が続いて、もうヘトヘト。これであれだけのお給料だもん、つらいなあ」

「失恋したD子ちゃんをなぐさめてあげたら、自分のほうがグッタリしちゃったよ」

そんなふうに、がんばったのに自分はあまり報われないときって、ついグチっぽくなりがちです。

でも、グチはマイナスのエネルギーの塊。口に出すことでツキを下げてしまうことになります。

とはいえ、小さなストレスを抱えたまま過ごすのは、あまり気分のいいことではありません。

そんなときに、いい方法があります。それが、自分にちょっとしたご褒美を買うということです。

ご褒美というと、ファッション雑誌に出てくるような流行のバックやアクセサリーをイメージするかもしれません。でも、そんなにお金がかかるご褒美では、しょっちゅう買うことができません。

そうではなくて、もっとささやかなものでいいのです。

大切なのは、がんばった自分を誰もほめてくれないとき、自分で自分を癒してあげることだからです。

甘いものが好きな人なら、残業をがんばった日は、二〇〇円以上する高級なアイスクリームを買うのもいいでしょう。

クイックマッサージの店で、プロに肩をもんでもらうのもいいかもしれません。

自分にご褒美をあげることで、沈みそうな気持ちをハッピーにできるようになると、誰かを恨んだりイライラしたりする時間が減っていくでしょう。

94 少しだけ余分な仕事をする

毎日、やるべきこともやりたいことも、たくさんあるはずです。

でも、「ああ忙しい、時間がない」なんて言って、最低限のことしかやらないでいると、あなたのオーラはギスギスしてきます。

周りの人への思いやりが欠けているからです。

幸せになりたいなら、あなたにぜひやってほしいことがあります。

それが、少しだけ余分な仕事をする、ということです。

例えば、書類のコピーを頼まれたとき、ただお願いされた枚数をコピーするだけでは、ほかの社員と同じです。

これからは、コピーをとったあと、区切りのいいところでクリップで留めたり、付箋を貼ったりして、

「頼まれてはいないけれど、これをやったら相手は嬉しいだろう」と思うひと手間を加えましょう。

ほかにも、会社の共有スペースをササッと掃除したり、会議室に花を飾ったり、簡単にできて、人のためになることが、あなたの周りにもあるはずです。

「頼まれたことをちゃんとやった」というだけで、満足している人が多い中で、

「頼まれたことはちゃんとやって当然。それにプラス自分のサービスを付け加える」

という心がけは、周りの人にとても新鮮に映ります。

仕事に限ったことではありません。恋愛でも、友人関係でも、同じように工夫する場面があるでしょう。

余分な仕事はあなたの思いやりです。その思いやりはきっと、巡り巡ってあなたのもとに戻ってくるでしょう。

95 栄養のある食事を食べる

自分を喜ばせるためにできることの一つに、「栄養のある食事を食べる」ということがあります。

一人暮らしをしていると、「本当は自炊の方が健康的なんだけど……」と思いながらも、つい外食やお弁当で食事を済ませてしまいがちです。

それも、栄養よりもボリュームや値段を基準に選ぶことが多いでしょう。

「わかっているけど、なかなかできない」

という人も多いのではないでしょうか。

でも、そんな食事を続けていると、私たちの体は疲れやすくなったり、集中力が続かなくなったりしてしまいます。

体力的な面だけではなく、カルシウムが不足すればイライラしやすくなるといわれるように、食べ物は精神面にも大きな影響を及ぼすのです。

最近、健康に目覚めたというOLのM子さんが、こんなことを言っていました。

「以前は朝ごはん抜きで、ランチや夕食も仕事の合間にお弁当を買ったり、ファストフードに行ったりして簡単に済ませていたんです。

でも、あまりにもカゼをひきやすいし疲れるので、食事を見直すことにしました。甘いものを控えて、果物と野菜をたくさん食べ始めたら、すぐに体力が戻ってきて、食事の大切さを実感しました。

体調がいいと、気分も前向きになれるんで、なんだか最近はハッピーでいられる時間も増えたみたいです」

M子さんは、食事を変えて一週間もしないうちに、自分の体と心が変わってきたのを実感したということでした。

料理が苦手という人は、外食のときにヘルシーなメニューを選んで栄養を補うという方法もあります。

96

笑顔を絶やさない自分になる

お金も時間もかけずに、すぐにハッピーになれる方法があります。

それが、笑顔を作るということです。

「楽しいから笑うのではない。笑うから楽しいのだ」

という言葉があります。

試してみるとわかるのですが、この言葉が言うように、別に楽しいことがなくても、口角をキュッとあげて、「ハハハ」と小さく笑い声を出してみると、それだけで心が明るくなってきます。

悲しいときも、笑顔で、

「なんとかなるさ」

と言うと、本当になんとかなるような気になるから不思議です。

また、笑顔は他人との関係をスムーズにする潤滑油です。

誰かから言葉をかけられて、返事をするときは、ただ、

「何ですか？」

と言うのではなく、やさしい笑顔を添えましょう。

あなたの笑顔を見た相手は、

「この人は私のことを受け入れてくれている」

と感じ、あなたに好感を抱きます。

あなたの周りの幸せそうな人たちや、人気のある人たちを観察してみると、きっといつもニコニコしているはずです。

彼女たちを見習って、誰かと話すときだけではなく、一人でいるときも、仕事をしているときも、口角を上げて楽しそうな表情をしていましょう。

それだけで、あなたの周囲にはハッピーが集まってきます。笑顔は、幸運を呼び寄せるからです。

97 一つひとつのことにケリをつける

毎日をハッピーに暮らすためのコツとして、「ストレスを、次の日に持ち越さない」ということがあります。

そのために心がけたいのが、「一つひとつの問題について、そのつどケリをつける」ということです。

例えば、彼氏とささいなことでケンカになってしまったとき。

「自分が悪いのはわかっているけど、素直に謝れない」とウジウジ悩んでいても、問題はちっとも解決しません。それどころか、ずっと意地を張っていれば、別れ話に発展してしまうかもしれません。

そんなことを避けるためにも、自分自身のストレスを残さないためにも、「ケンカはその日のうちに解決しておく」というルールを決めてしまいましょう。

それだけで、恋愛がうまくいく可能性はグンと高まります。

仕事も同じです。

「そういえば、あの件、どうなっていたかなあ」

と、気になることがあるなら、

「まあ、いいか」

と思わずに、その場で誰かに確認するなりして、自分の中の疑問を解決してしまいましょう。

そうしないと、会社が終わった後不安が大きくなって、その日の夜のデートに身が入らないなんてことにもなりかねないからです。

少し面倒なことは、先延ばしにすればもっと面倒なことになるのです。

小さな不安やトラブルは、その場ですぐに解決する習慣をつけることで、一日の中のハッピーな時間が増えていきます。

98 三十分早く起きる

「早起きは三文の徳」ということわざを、あなたも聞いたことがあるでしょう。

実際、いつもより早く起きて透明感のある空気を吸ったり、普段乗る電車より一本でも早い電車に乗ることができると、なんだか嬉しい気分がするものです。

それだけではなく、いつもより早く会社に行けば、あまり電話がかかってこないので仕事の能率が上がったり、定時ギリギリにすべりこんだときより、ゆとりを持って仕事に取り掛かれたりします。

女性なら、お化粧や洋服のコーディネートに時間をかけることもできます。

OLのK子さんも、早起きを始めてよかったと思っている一人です。

「私は家を出る三十分前に起きて、食事もとらず髪もとかさず電車に飛び乗るようなタイプでした。でも、あるときそんな自分が情けなくなって、家を出る二時間前に起きることにしたんです。

早起きを始めてからは、朝ごはんを軽く食べて、お化粧もきちんとしてから家を出るようになりました。そうしたら、『こういう自分ていいなあ』というか、自分に対して自信を持てるようになったんです。

会社の仲間からも、『この頃、ステキになったね』と言われることが増えて、とてもハッピーです。早起きをしてから体調もいいので、仕事の能率も上がりました」

とはいえ、いきなり今より二時間も早く起きようと思っても、なかなか簡単ではありません。

まずは三十分、今より早く起きてみましょう。そして、早起きの気持ちよさを体験してみるといいでしょう。

99 「一日一善」を心がける

幸せな自分になるために、すぐにできて効果の高い方法の一つに、「一日一善」ということがあります。わかりやすくいえば、「一日に一回、人のためにできることをする」ということです。

そう聞いてすぐにイメージするのは、電車でお年寄りに席を譲ったり、重い荷物を持っている人を手伝うなど、他人への親切という内容だと思います。

もちろん、それができれば一番いいのです。でも、恥ずかしがりやの人にとっては、「一日一善」の内容を、「他人に直接何かをすること」と決めると、それがプレッシャーになってしまうでしょう。

ですから、「一善」の内容には、あまりこだわる必要はありません。

例えば、会社に少し早くいって、みんなの机の上をふくことや、家の近くの道路のゴミを拾うことだって、人の役に立つことです。

大げさに考えず、自分の中で「一日一善」が当たり前になるように、続けることが大切です。

すると、そう何日もたたないうちに、あなたの周りにはハッピーなできごとが増えてきます。

その理由は簡単です。「情けは人のためならず」ということわざがあります。これは、「他人にした親切は、巡り巡って自分の元に返ってくる」という意味です。

その上、「自分のしたことが誰かの役に立っている」と感じることは、私たちの心にプラスのエネルギーを発生させるため、プラスのできごとを呼び寄せる効果もあります。

もし、親切にした相手が「ありがとう」と言わなかったり、自分の善行に誰も気がつかなかったりしても、気にしないようにするのも、「一日一善」を続けるためのコツといえます。

100 テレビを見ない日を作る

あなたは一日に何時間、テレビの前に座っているでしょうか。

もし、「家にいる間はずっと、テレビをつけている」という人には、たまにはテレビを見ない日を作ってみることをオススメします。

なぜなら、テレビは、私たちの貴重な時間をアッという間に奪ってしまうことがあるからです。

「でも、見たい番組があるからなあ」

という人は、その番組だけを見るだけでいいのです。

たいていの場合、テレビは一度つけるとその後もズルズルと見続けてしまいます。その「別に見たくないけど、なんとなく見る」という時間が、もったいないのです。

テレビを消すと、あなたは最初のうち、

「何もすることがないなあ。何をしようかなあ」

と思うでしょう。

あんなに、「時間がない」「忙しい」と言っていたのに、テレビを消した途端に、時間が余ってしまうことにビックリするかもしれません。

そんな、手持ち無沙汰の時間ができたときに、ぜひやってほしいのが、最近の自分を振り返ったり、これからの自分の人生について目標を立てたりすることです。

恋愛中なら、彼氏との付き合い方をもっとうまくいかせる方法は何か、考えてみましょう。仕事で悩みがあるなら、どうしたらそこから一歩抜け出せるか、考えてみましょう。

自分の心と向かい合ってみて、軌道修正が必要だと感じたなら、思い切って軌道修正をすることが必要かもしれません。

自分についてあらためて考える時間を持つことで、テレビから得られる情報よりずっと貴重な答えが得られるでしょう。

著者紹介
植西　聰（うえにし　あきら）

東京都出身。著述家。心理カウンセラー。

学習院高等科、同大学卒業後、資生堂に在職。

1982年、ウィーグル研究所を設立し、「人生哲学」、「心理学」、「成功哲学」等の研究に従事。

1986年、長年にわたる研究成果を体系化した『成心学』理論を確立し、著述、カウンセリング活動を開始。

1995年、「産業カウンセラー」（労働大臣認定）を取得。

他に「心理学博士」、「知客職」（僧位）等の名誉称号を持つ。

現在は著述を通じて人々に喜びと元気を与えている。

〈近著〉
『ヘタな人生論よりイソップ物語』（河出文庫）
『話し方を変えると「いいこと」がいっぱい起こる！』（三笠書房・王様文庫）
『人と運を引き寄せる心理法則』（永岡書店・コスモ文庫）
『マーフィー 奇跡を起こす魔法の言葉』（PHP文庫）
『イライラしたときに冷静になる方法』（扶桑社文庫）
『愛する人に愛される法則』（KKベストセラーズ・ワニ文庫）
『「運がいい人」が実行している９つの習慣』（PHP文庫）
『あなたを変える運命の口ぐせ』（インデックス・コミュニケーションズ）
『あなたを変える人間関係の法則』（インデックス・コミュニケーションズ）
『夢をかなえる大切な習慣』（PHP研究所）
『成功したければ自分の写真を机の上に飾れ！』（実業之日本社）
『悩みが消えてなくなる60の方法』（祥伝社・黄金文庫）

本書は書き下ろし作品です。

ＰＨＰ文庫　幸運がやってくる100の習慣

2007年７月18日　第１版第１刷
2011年９月２日　第１版第８刷

著　者　植　西　聰
発行者　安　藤　卓
発行所　株式会社ＰＨＰ研究所
東京本部　〒102-8331 千代田区一番町21
文庫出版部　☎03-3239-6259（編集）
普及一部　☎03-3239-6233（販売）
京都本部　〒601-8411 京都市南区西九条北ノ内町11
PHP INTERFACE　http://www.php.co.jp/
印刷所　共同印刷株式会社
製本所　株式会社大進堂

ISBN978-4-569-66878-9

PHP文庫好評既刊

幸福感性

あなたの夢はぜったい叶う！

佳川奈未　著

人生や仕事が好転する「幸せの法則」を知れば、どんな悩みも解決！　著者のホームページで連載中のブログを新編集した感動のエッセイ集。

定価五〇〇円
（本体四七六円）
税五％